新时代新理念职业教育教材·铁道运输类

高速铁路行车组织
(修订本)

主　编　王小丰　刘丽莎
副主编　常小倩　刘　磊

北京交通大学出版社
·北京·

内 容 简 介

本书根据高速铁路技术设备和行车组织特点介绍正常情况下车站行车工作组织、运输调度，以及非正常情况下的行车组织方法、应急处置措施等。

本书共设 7 个项目，主要内容包括认识高速铁路、高速铁路主要行车设备、高速铁路列车运行控制系统、高速铁路车站作业组织、高速铁路旅客列车开行方案与列车运行图、高速铁路调度指挥、高速铁路施工维修组织。

本书内容比较充实具体，文字通俗易懂，且每个项目中均设计有实训内容，可供广大铁路职工和铁路职业技术院校师生学习参考。

版权所有，侵权必究。

图书在版编目（CIP）数据

高速铁路行车组织/王小丰，刘丽莎主编．—北京：北京交通大学出版社，2019.4（2024.8 修订）

ISBN 978-7-5121-3873-5

Ⅰ.①高… Ⅱ.①王… ②刘… Ⅲ.①高速铁路-行车组织-技术培训-教材 Ⅳ.①U238

中国版本图书馆 CIP 数据核字（2019）第 051288 号

高速铁路行车组织
GAOSU TIELU XINGCHE ZUZHI

策划编辑：陈跃琴　刘建明	
责任编辑：陈跃琴	
出版发行：北京交通大学出版社	电话：010 - 51686414　http：//www.bjtup.com.cn
地　　址：北京市海淀区高梁桥斜街 44 号	邮编：100044
印 刷 者：北京鑫海金澳胶印有限公司	
经　　销：全国新华书店	
开　　本：185 mm × 260 mm　印张：9.75　字数：235 千字	
版 印 次：2024 年 8 月第 1 版第 1 次修订　2024 年 8 月第 3 次印刷	
定　　价：38.00 元	

本书如有质量问题，请向北京交通大学出版社质监组反映。对您的意见和批评，我们表示欢迎和感谢。
投诉电话：010 - 51686043，51686008；传真：010 - 62225406；E-mail：press@bjtu.edu.cn。

前　言

铁路是国民经济大动脉、关键基础设施和重大民生工程，是综合交通运输体系的骨干和主要交通方式之一，在我国经济社会发展中的地位和作用至关重要。世界铁路发展历史证明，高速铁路是经济社会发展的必然趋势，它具有运输能力大、安全舒适、快捷准时、能源消耗低、污染轻的优势，已经成为百姓出行首选的运输方式。目前，我国已成为世界上高速铁路系统技术最全、集成能力最强、运营里程最长、运行速度最高、在建规模最大的国家。

近年来，高速铁路线路不断延伸，各条高速铁路所采用的设备、技术条件不尽相同，缺乏统一的组织方式和技术标准。为确保高速铁路行车安全、方便快捷、高速高效，实现高速铁路科学、规范的技术管理，中国铁路总公司于2014年6月颁布了《铁路技术管理规程（高速铁路部分）》，并于2014年12月编写出版了《铁路技术管理规程（高速铁路部分）条文说明》，为高速铁路的建设、运营组织提供了重要的技术依据。

高职教育强调职业性、实用性和特色性，对理论知识坚持"专业、基础、实用"的原则，培养过程中要求理论与实践相结合，对学生的培养目标为"毕业就能上岗，上岗就能顶岗"。

作为高职院校的铁道交通运营管理专业，其人才培养目标是培养出面向生产、管理、服务一线需要的高素质技术技能型人才，其中铁路运输组织是铁路运输的一项重要内容，是铁路运输过程中不可缺少的重要环节。而高速铁路行车组织作为铁路行车组织的补充，能够使学生充分认识高速铁路与普速铁路在行车设备以及行车组织方面的不同。

本书根据高速铁路技术设备和行车组织特点阐述正常情况下车站行车工作组织、运输调度，以及非正常情况下的行车组织方法、应急处置措施等。本书主要内容包括：认识高速铁路、高速铁路主要行车设备、高速铁路列车运行控制系统、高速铁路车站作业组织、高速铁路旅客列车开行方案与列车运行图、高速铁路调度指挥、高速铁路施工维修组织。

使用本书授课时不宜照本宣科，应经常深入铁路现场，掌握新设备的构造及应用，充分利用实物、照片、教学课件、教学模型等，采用多种教学手段，使学生能够在较短的时间内掌握所学知识，正确运用设备，适应铁路运输发展的需要。学生在学习本课程时，应主动或在教师的带领下多去铁路现场了解高速铁路相关设备及行车组织方法，提高自身综合素质。

本书集运输组织指挥、管理、实际操作于一体，采用以学生为主体的教学模式，运用情景模拟、角色扮演、案例教学、团队合作等教学方法，强调以学生为中心、循序渐进，突出职业教育特点，培养学生动手和合作能力，在操作过程中学习，在学习过程中锻炼和提升自我能力。

本书由包头铁道职业技术学院王小丰和刘丽莎担任主编，常小倩、刘磊担任副主编。参加编写的工作人员有：包头铁道职业技术学院王小丰（项目1任务1.1）、中国铁路呼和浩特铁路局集团公司李新学（项目 1 任务 1.2）、包头铁道职业技术学院刘磊（项目 2）、包头铁道职业技术学院刘丽莎（项目 3、项目 4）、包头铁道职业技术学院常小倩（项目 5、项目 6）和包头铁道职业技术学院叶丙秀、茹彦虹、展晓玲（项目 7）。

在编写过程中，中国铁路昆明铁路局集团公司曲靖车务段张倩以及中国铁路呼和浩特铁路局集团公司李新学给予了我们及时热情的帮助，在此深表感谢。

在本书的编写过程中，参考了大量书籍、期刊和资料，在此谨向有关作者致以诚挚的谢意。由于近年来高速铁路技术发展较快，同时受编者水平及经验等方面的限制，本书内容不全面、不恰当甚至错误的地方在所难免，热忱欢迎使用本书的广大读者对本书提出批评、指正意见，以便编者对本书内容不断地改进和完善。

编者

2019 年 1 月

目 录

项目 1 认识高速铁路 / 001

任务 1.1 高速铁路概述 / 001
任务 1.2 我国高速铁路发展概况 / 004
实训 1 / 012
项目考核 / 012

项目 2 高速铁路主要行车设备 / 013

任务 2.1 高速铁路动车组 / 013
任务 2.2 高速铁路线路 / 020
任务 2.3 高速铁路车站 / 023
任务 2.4 计算机联锁系统 / 025
任务 2.5 CTC 设备 / 038
实训 2 / 041
项目考核 / 042

项目 3 高速铁路列车运行控制系统 / 043

任务 3.1 中国列车运行控制系统 / 043
任务 3.2 CTCS-2 级列控系统 / 052
任务 3.3 CTCS-3 级列控系统 / 058
实训 3 / 065
项目考核 / 066

项目 4 高速铁路车站作业组织 / 067

任务 4.1 高速铁路车站作业 / 067
任务 4.2 高速铁路车站接发列车作业 / 070
任务 4.3 高速铁路车站调车作业 / 082
实训 4 / 091
项目考核 / 092

项目 5 高速铁路旅客列车开行方案与列车运行图 / 093

任务 5.1 高速铁路运输组织模式 / 093

任务 5.2　高速铁路旅客列车开行方案 / 100
任务 5.3　高速铁路列车运行图 / 104
实训 5 / 110
项目考核 / 111

项目 6　高速铁路调度指挥 / 112

任务 6.1　高速铁路调度组织机构与职责范围 / 112
任务 6.2　高速铁路调度日计划 / 119
任务 6.3　高速铁路动车组列车运行调整 / 126
任务 6.4　高速铁路列车应急处置 / 129
实训 6 / 135
项目考核 / 136

项目 7　高速铁路施工维修组织 / 138

任务 7.1　高速铁路施工维修作业组织 / 138
任务 7.2　维修计划管理与施工维修登记 / 142
实训 7 / 145
项目考核 / 146

参考文献 / 147

项目 1　认识高速铁路

【项目描述】

铁路作为交通运输业的骨干,在我国国民经济发展中起着重要的作用,是国民经济大动脉和大众化交通工具。而高速铁路更以其运输能力大、安全舒适、快捷准时等特点受到世界各国的青睐,已成为世界铁路发展的趋势。本项目主要介绍高速铁路的概念及其在国内外的发展情况,使学生能够了解世界高速铁路的发展现状。

【知识目标】

(1) 掌握高速铁路的概念。
(2) 了解世界高速铁路发展状况。
(3) 熟悉我国高速铁路发展过程及现状。

【能力目标】

能够简述我国高速铁路现状及规划概况。

任务 1.1　高速铁路概述

1.1.1　拟完成的工作任务

高速铁路是世界铁路的一项重大技术成就,它集中反映了一个国家铁路线路结构、列车牵引动力、高速运行控制、高速运行组织和经营管理等方面的技术进步,也体现了一个国家的科技和工业水平。

本任务理论学习完成后,将学生分为若干小组,5~6人一组,查阅高速铁路发展相关资料,讨论不同高速铁路发展模式的适用条件。

1.1.2　任务目的

(1) 明确高速铁路的定义。
(2) 了解世界高速铁路发展概况。
(3) 熟悉世界高速铁路常见模式。

1.1.3　所需设备

高速铁路沙盘、高速铁路发展相关视频。

1.1.4　相关配套知识

知识点1　高速铁路定义

高速铁路，就是基础设施设计速度标准高、可供火车高速安全运行的铁路系统。而对于高速铁路的定义，不同时代不同国家不尽相同，并根据本国情况规定了各自的高速铁路级别的详细技术标准，涉及列车速度、铁路类型等。

1970年，日本把在主要区间以200 km/h以上速度运行的铁路列为高速铁路；西欧把新建时速达到250～300 km、旧线改造时速达到200 km的称为高速铁路；1985年联合国欧洲经济委员会在日内瓦签署的国际铁路干线协议规定：新建客运列车专用型高速铁路时速为300 km，新建客货运列车混用型高速铁路时速为250 km。

当今世界上，铁路速度的分档一般定为：时速100～120 km称为常速；时速120～160 km称为中速；时速160～200 km称为准高速和快速；时速200～400 km称为高速；时速400 km以上称为特高速。

目前公认的高速铁路定义为国际铁路联盟（UIC）的规定："新线250 km/h以上，既有线改造200 km/h以上的铁路称为高速铁路。"

中国铁路总公司将中国高速铁路定义为设计开行时速250 km以上（含预留）、初期运营时速200 km以上的客运列车专线铁路，并颁布了相应的《高速铁路设计规范》文件。中国国家发改委将中国高速铁路定义为时速200 km及以上标准的新线或既有线铁路，并颁布了相应的《中长期铁路网规划》文件，将所有时速200 km的轨道线路统一纳入中国高速铁路网范畴。

知识点2　世界高速铁路发展概况

1. 高速铁路的研究试验

自1825年世界上第一条铁路诞生至今，铁路就以其速度高、运量大、安全性好等特点在世界各国得到迅速发展，成为交通运输的骨干力量，而世界各国重视铁路研究工作的专家、学者，始终在为提高列车的行车速度做不懈的努力。

1903年，德国用电力机车牵引，试验速度已达到210 km/h。1954年法国用电力机车牵引，试验速度达到243 km/h。1962年，日本用电力机车牵引，试验速度达到256 km/h。1972年，法国用内燃机车牵引，试验速度达到318 km/h。

到了20世纪八九十年代，法国、德国、日本用电力机车牵引，试验速度达到400 km/h以上，法国1983年9月在巴黎东南新干线使用的TGV-A试验列车，试验速度达到515.3 km/h。

2007年4月3日，TGV-V150又创造了574.8 km/h的世界轮轨系铁路速度试验新纪录。中国的CRH高速动车组于2010年12月创造了486.1 km/h的世界高速铁路运营线路试验速度纪录。

2. 世界各国的高速铁路

高速铁路技术是当代世界铁路的一项重大技术成就，它集中反映了一个国家铁路牵引动力、线路结构、运行控制、运输组织和经营管理等方面的技术进步,也体现了一个国家的科学水平和工业水平。同时,高速铁路在经济发达、人口密集的地区具有突出的经济效益和社会效益。

1) 日本

世界上首条高速铁路是日本的新干线,于 1964 年正式运营。日本新干线列车由川崎重工建造,行驶在东京—名古屋—京都—大阪的东海道新干线,运营速度为 210 km/h,最高营运速度为 300 km/h。东海道新干线以其安全、快速、准时、舒适、运输能力大、环境污染轻、节省能源和土地资源等优越性博得了政府和公众的支持和欢迎。东海道新干线投入运营后,高速列车的客运市场占有份额迅速上升,每天平均运送旅客 36 万人次,年运输量达 1.2 亿人次,从而使包括东京、横滨、名古屋、大阪等大城市在内的东海道地区,原本旅客运输十分紧张的状况得到了缓解,而且大大提高了运输服务质量,同时取得了预期的经济效益,1964 年投入运营,1966 年开始盈利,1972 年收回全部投资。第一条高速铁路的问世,使一度被人们认为是"夕阳产业"的铁路出现了生机,显示出强大的生命力。它的建成通车标志着世界高速铁路新纪元的到来。随后法国、意大利、德国等国纷纷修建高速铁路。

2) 法国

法国从 20 世纪 70 年代开始修建高速铁路,已建成高速铁路 1 872 km。法国在修建高速铁路的同时,对既有线进行提速改造,扩大了快速列车的开行范围。从巴黎开出的"欧洲之星"和 Thalys 列车穿行于法国、比利时、荷兰和德国之间,铁路快速运输开始向国际化发展。

3) 德国

德国是世界上较早研究高速铁路技术的国家,1903 年时试验速度已达到 210 km/h。但是,德国的 ICE 是目前高速铁路中起步较晚的项目。ICE 的研究开始于 1979 年,其内部制造原理和制式与法国 TGV 有很大相似之处,目前的最高速度是 1988 年创下的 409 km/h。德国高速铁路的发展是把既有线改造、新建高速线、发展摆式列车三者紧密结合起来的。

4) 瑞典

瑞典铁道部门针对本国地形不像日本和法国那么平坦的特征,于 20 世纪 80 年代中期制订了摆式列车的发展计划,通过摆式列车实现铁路高速化。摆式列车的技术特点可以概括为:列车在曲线运行时自主摆动,提高通过曲线的速度,从而提高列车区间运行速度。瑞典地域广阔,人口稀少,工业发达,铁路总里程达 1.2 万 km,铁路通过能力充裕,主要干线均为电气化,线路质量较好,具备采用高速摆式列车在既有线上提高速度的条件。摆式列车成功地解决了瑞典境内多数轨道曲线半径小于 600 m 的问题,利用 X2000 型高速摆式列车把列车运行速度提高到 200 km/h。1990 年,瑞典成了全球第 8 个拥有速度超过 200 km/h 列车的国家。

5) 西班牙

西班牙高速铁路采用高、中速混跑的运输模式,AVE 高速动车组与 Talgo 摆式列车共线运行,线路设计允许最高速度 300 km/h,列车最高运行速度 250～270 km/h。西班牙把高速铁路作为国家铁路网的一部分,实现了与既有铁路的兼容和一体化。

6) 韩国

韩国首尔—釜山高速铁路是连接天安、大田、大邱、釜山等城市的一条主要干线,全长 412 km,线路最高运行速度 300 km/h,高峰时最小运行间隔为 3 min。2003 年 12 月,首尔—大邱新建线路完工开通,采用 KTX 高速列车,最高速度 300 km/h。

3. 高速铁路建设模式

日本、法国、德国在修建本国的高速铁路时,都投入了大量的研究开发经费,建立自主知识产权,成为当今世界上三个较强的高速铁路技术保有国。日本的高速铁路是准轨铁路,而既有铁路是窄轨铁路,两者不能互通运营。

法国的高速铁路是客运专线,但并不意味着货物列车绝对不能上高速线。Sernam SX200 特快货物列车在夜间高速列车停运的时间段可以在高速铁路上行驶,最高速度达到 160 km/h,并逐步提高到 200 km/h。

德国的高速铁路是客货混运型,货物列车只在夜间旅客列车停运的时间内行驶。此外,西班牙马德里—塞维利亚的高速铁路也是按快慢车混运、客货车混运的原则设计的。

归纳起来,当今世界上建设高速铁路有下列几种模式。

① 日本模式:全部修建新线,旅客列车专用。
② 法国模式:部分修建新线,部分旧线改造,旅客列车专用。
③ 德国模式:部分修建新线,部分旧线改造,旅客列车及货物列车混用。

任务 1.2 我国高速铁路发展概况

1.2.1 拟完成的工作任务

学生分为若干小组,5~6人一组,查阅我国高速铁路发展相关资料,能够简述其中一条高速铁路发展情况。

1.2.2 任务目的

(1) 了解我国铁路既有线提速过程。
(2) 熟悉我国高速铁路发展历程。
(3) 了解我国高速铁路规划概况。

1.2.3 所需设备

高速铁路沙盘。

1.2.4 相关配套知识

知识点 1　我国既有线提速简要回顾

我国的铁路在 20 世纪 90 年代以前由于长期在计划经济体制下缺乏应有的活力,加上技术、经济等条件不成熟,在高速铁路的建设方式上长期论证等推迟了高速铁路进入我国的时间。20 世纪 90 年代初期,我国开始对既有线进行改造和列车提速,在这个过程中培养出了一批高速铁路的人才,既有线提速孕育发展了我国的高速铁路。

自 1997 年 4 月 1 日至今,我国铁路进行了六次大规模的提速调图。

1. 第一次提速调图

　　1997年4月1日零时，铁路第一次大面积提速调图全面实施。第一次大面积提速调图以京广、京沪、京哈线为重点。列车运行速度实现了重大突破，三大干线提速车最高运行时速达到140 km。第一次大面积提速调图首次开行了快速列车和夕发朝至列车，首次开行了发到站直达、运行线全程贯通、车次全程不变、发到时间固定、以车或以箱为单位报价的"五定"货运列车。

2. 第二次提速调图

　　1998年10月1日零时，铁路第二次大面积提速调图全面实施。第二次大面积提速调图仍以京广、京沪、京哈三大干线为重点，列车速度进一步提高，快速列车最高运行速度达到了160 km/h，非提速区段快速列车最高速度达到了120 km/h。第二次大面积提速调图增加了快速列车和夕发朝至列车数量，快速列车增至80对，夕发朝至列车增加到228列。首次开行了北京—厦门、哈尔滨—武昌等旅游热线直达列车。

3. 第三次提速调图

　　2000年10月21日零时，铁路第三次大面积提速调图全面实施。中国铁路提速网络逐步形成。全国铁路提速线路延展里程接近10 000 km，初步形成了覆盖全国主要地区的"四纵两横"提速网路。进一步增开深受旅客好评的夕发朝至列车，总数达到266列；适应假日经济需要，安排跨局旅游专列28对。增开夕发朝至列车、快速列车、城际列车、旅游列车、行包专列、"五定"班列、大宗货物直达列车等，客货运输品牌数量进一步增加，质量不断提高，产品结构更加合理，基本上满足了广大旅客、货主不同层次的运输要求，初步形成了铁路客货运输品牌系列。

4. 第四次提速调图

　　2001年10月21日零时铁路第四次大面积提速调图全面实施。第四次大面积提速调图的重点区段为京九线、武昌—成都（汉丹、襄渝达成）、京九线南段、沪昆线和哈大线。全路提速延展里程达到13 000 km。第四次大面积提速调图进一步增开了特快列车，优化了列车运行时刻。夕发朝至列车始发时间段定为17时至23时，终时时间段定为5时至10时，更加突出夕发朝至的品牌效益。第四次大面积提速调图铺画了跨局旅游专列运行线28对，为开好旅游专列创造了条件。这次提速调图还进一步增加了行包专列数量，行包专列达到15对；优化"五定"班列开行方案。

5. 第五次提速调图

　　2004年4月18日零时，铁路第五次大面积提速调图全面实施。几大干线的部分地段线路基础达到时速200 km的要求，提速网络总里程达16 500多 km，其中时速160 km及以上提速线路7 700多 km。新增开了19对直达特快旅客列车，最高运行时速达到160 km，途中无停靠站，实现点到点运输；新增开三对特快行政专列，两对快速行政专列，增加固定车底的冷藏快运专列和集装箱快运专列。第五次大面积提速调图积极采用新技术、新装备，大范围调整了运输生产力布局。

6. 第六次提速调图

　　2007年4月18日，中国铁路正式实施第六次大面积提速调图。在京哈、京沪、京广、陇海等既有线开行时速200 km甚至250 km动车组列车，在繁忙干线客货混跑，行车密度很大的情况下密集开行了时速200 km及以上动车组，开行5 500 t重载货物列车和双层集装箱列车,既有线建成时速200 km及以上提速线路延展里程达到6 003 km。

知识点2 我国高速铁路发展历程

从20世纪80年代后期开始,我国有关部门对修建高速铁路进行了全面系统的研究和论证并取得了共识,认为在中国修建高速铁路是社会发展的需要,是促进我国工业发展、科技水平提高及改善我国交通运输落后面貌的重要手段,也是提高铁路运输能力、彻底解决运能不足和改善铁路旅客服务水平及服务质量的有力措施。

1. 萌芽阶段

广深准高速铁路是中国高速铁路的萌芽。1994年10月20日,全长147 km的广(州)深(圳)准高速铁路,圆满结束了为时1个月的第一阶段行车试验,列车最高时速达到174 km。投入运营后,其旅客列车时速最高达到160 km。1998年8月28日"新时速"动车组在广深线正式投入运营。这是我国从瑞典引进并改造的动车组,是在高速Bom bardierX200摆式电动车组基础上改进而来的,其最高运营速度为200 km/h,不仅在技术上实现了质的飞跃,更主要的是通过科研与实验、引进和开发,为建设我国高速铁路做好了前期准备,成为我国铁路高速化的起点。

2. 起步阶段

秦沈客运专线是中国铁路步入高速化的起点。1999年8月开工建设、2003年10月12日正式开通运营的秦(皇岛)沈(阳)客运专线,全长404 km,总投资164亿元人民币,是中国向世界高速铁路顶峰的一次新的冲刺。秦沈客专是一条以客运为主的双线电气化快速铁路,开通伊始的列车速度即可达到160 km/h以上,设计速度为200 km/h,基础设施预留提速至250 km/h(甚至更高)的条件,其中有66.8 km的试验段,设计时速达到300 km。通过秦沈线的建设和运营实践,探索并积累了适合中国国情的高速客运专线的技术标准、施工方法、运营管理及维护等一系列技术和经验。

3. 铁路六次大提速

从1997年至2007年的10年间,我国铁路既有线进行了六次大提速,提速线路延展里程达16 000多km,其中时速200 km的线路达6 003 km,部分区段允许速度甚至达到250 km/h,并且开行了以动车组为代表的城际快速列车和中心城市间的快速列车。

我国台湾地区南北高速铁路规划设计开始于1998年,于2000年3月动工修建,2007年1月正式运营。线路自台北至高雄左营,全长345 km,速度目标值为350 km/h,建成后运营速度为250~300 km/h。每天开行150对旅客列车,最小发车间隔为3 min,台北到高雄的旅行时间为1.5 h。

4. 进入真正的高速铁路时代

2008年8月1日,我国第一条城际客运专线北京—天津城际高速铁路建成并成功投入运营。该线路全长120 km,最高运行速度达到350 km/h。2009年12月26日,武广高速铁路开通运营,武广高速铁路全长1 096 km,列车最高运营速度达到300 km/h,最高试验速度达394 km/h。2010年2月6日,世界首条修建在湿陷性黄土地区,时速350 km的郑西高速铁路开通运营。2011年6月30日,世界一次建成运营里程最长的京沪高速铁路正式运营。截至2017年年底,我国高速铁路运营里程达到2.5万km。

知识点 3　中长期铁路网规划

2004 年国务院批准实施《中长期铁路网规划》以来，我国铁路实现了快速发展。为加快构建布局合理、覆盖广泛、高效便捷、安全经济的现代铁路网络，更好发挥铁路骨干优势作用，推进综合交通运输体系建设，支撑引领我国经济社会发展，2016 年在深入总结原规划实施情况的基础上，结合发展的新形势、新要求，修编了《中长期铁路网规划》。规划期为 2016—2025 年，远期展望到 2030 年。

1. 规划目标

到 2020 年，一批重大标志性项目建成投产，铁路网规模达到 15 万 km，其中高速铁路 3 万 km，覆盖 80% 以上的大城市，为完成"十三五"规划任务、实现全面建成小康社会目标提供有力支撑。到 2025 年，铁路网规模达到 17.5 万 km 左右，其中高速铁路 3.8 万 km 左右，网络覆盖进一步扩大，路网结构更加优化，骨干作用更加显著，更好地发挥铁路对经济社会发展的保障作用。展望到 2030 年，基本实现内外互联互通、区际多路畅通、省会高铁连通、地市快速通达、县域基本覆盖。

① 完善广覆盖的全国铁路网。连接 20 万人口以上城市、资源富集区、货物主要集散地、主要港口及口岸，基本覆盖县级以上行政区，形成便捷高效的现代铁路物流网络，构建全方位的开发开放通道，提供覆盖广泛的铁路运输公共服务。

② 建成现代的高速铁路网。连接主要城市群，基本连接省会城市和其他 50 万人口以上大中城市，形成以特大城市为中心覆盖全国、以省会城市为支点覆盖周边的高速铁路网。实现相邻大中城市间 1~4 h 交通圈、城市群内 0.5~2 h 交通圈，提供安全可靠、优质高效、舒适便捷的旅客运输服务。

③ 打造一体化的综合交通枢纽。与其他交通方式高效衔接，形成系统配套、一体便捷、站城融合的铁路枢纽，实现客运换乘"零距离"、物流衔接"无缝化"、运输服务"一体化"。

2. 规划方案

1) 高速铁路网

为满足快速增长的客运需求，优化拓展区域发展空间，在"四纵四横"高速铁路的基础上，增加客流支撑、标准适宜、发展需要的高速铁路，部分利用时速 200 km 铁路，形成以"八纵八横"主通道为骨架、区域连接线衔接、城际铁路补充的高速铁路网，实现省会城市高速铁路通达、区际之间高效便捷相连。

因地制宜、科学确定高速铁路建设标准。高速铁路主通道规划新增项目原则采用时速 250 km 及以上标准（地形地质及气候条件复杂困难地区可以适当降低），其中沿线人口城镇稠密、经济比较发达、贯通特大城市的铁路可采用时速 350 km 标准。区域铁路连接线原则采用时速 250 km 及以下标准。城际铁路原则采用时速 200 km 及以下标准。

(1) "八纵"通道。

① 沿海通道。大连（丹东）—秦皇岛—天津—东营—潍坊—青岛（烟台）—连云港—盐城—南通—上海—宁波—福州—厦门—深圳—湛江—北海（防城港）高速铁路（其中青岛至盐城段利用青连、连盐铁路，南通至上海段利用沪通铁路），连接东部沿海地区，贯通京津冀、辽中南、山东半岛、东陇海、长三角、海峡西岸、珠三角、北部湾等城市群。

② 京沪通道。北京—天津—济南—南京—上海（杭州）高速铁路，包括南京—杭州、蚌

埠—合肥—杭州高速铁路，同时通过北京—天津—东营—潍坊—临沂—淮安—扬州—南通—上海高速铁路，连接华北、华东地区，贯通京津冀、长三角等城市群。

③ 京港（台）通道。北京—衡水—菏泽—商丘—阜阳—合肥（黄冈）—九江—南昌—赣州—深圳—香港（九龙）高速铁路；另一支线为合肥—福州—台北高速铁路，包括南昌—福州（莆田）铁路。连接华北、华中、华东、华南地区，贯通京津冀、长江中游、海峡西岸、珠三角等城市群。

④ 京哈-京港澳通道。哈尔滨—长春—沈阳—北京—石家庄—郑州—武汉—长沙—广州—深圳—香港高速铁路，包括广州—珠海—澳门高速铁路。连接东北、华北、华中、华南、港澳地区，贯通哈长、辽中南、京津冀、中原、长江中游、珠三角等城市群。

⑤ 呼南通道。呼和浩特—大同—太原—郑州—襄阳—常德—益阳—邵阳—永州—桂林—南宁高速铁路。连接华北、中原、华中、华南地区，贯通呼包鄂榆、山西中部、中原、长江中游、北部湾等城市群。

⑥ 京昆通道。北京—石家庄—太原—西安—成都（重庆）—昆明高速铁路，包括北京—张家口—大同—太原高速铁路。连接华北、西北、西南地区，贯通京津冀、太原、关中平原、成渝、滇中等城市群。

⑦ 包（银）海通道。包头—延安—西安—重庆—贵阳—南宁—湛江—海口（三亚）高速铁路，包括银川—西安以及海南环岛高速铁路。连接西北、西南、华南地区，贯通呼包鄂、宁夏沿黄、关中平原、成渝、黔中、北部湾等城市群。

⑧ 兰（西）广通道。兰州（西宁）—成都（重庆）—贵阳—广州高速铁路。连接西北、西南、华南地区，贯通兰西、成渝、黔中、珠三角等城市群。

（2）"八横"通道。

① 绥满通道。绥芬河—牡丹江—哈尔滨—齐齐哈尔—海拉尔—满洲里高速铁路。连接黑龙江及蒙东地区。

② 京兰通道。北京—呼和浩特—银川—兰州高速铁路。连接华北、西北地区，贯通京津冀、呼包鄂、宁夏沿黄、兰西等城市群。

③ 青银通道。青岛—济南—石家庄—太原—银川高速铁路（其中绥德至银川段利用太中银铁路）。连接华东、华北、西北地区，贯通山东半岛、京津冀、太原、宁夏沿黄等城市群。

④ 陆桥通道。连云港—徐州—郑州—西安—兰州—西宁—乌鲁木齐高速铁路。连接华东、华中、西北地区，贯通东陇海、中原、关中平原、兰西、天山北坡等城市群。

⑤ 沿江通道。上海—南京—合肥—武汉—重庆—成都高速铁路，包括南京—安庆—九江—武汉—宜昌—重庆、万州—达州—遂宁—成都高速铁路（其中成都至遂宁段利用达成铁路），连接华东、华中、西南地区，贯通长三角、长江中游、成渝等城市群。

⑥ 沪昆通道。上海—杭州—南昌—长沙—贵阳—昆明高速铁路。连接华东、华中、西南地区，贯通长三角、长江中游、黔中、滇中等城市群。

⑦ 厦渝通道。厦门—龙岩—赣州—长沙—常德—张家界—黔江—重庆高速铁路（其中厦门至赣州段利用龙厦铁路、赣龙铁路，常德至黔江段利用黔张常铁路）。连接海峡西岸、中南、西南地区，贯通海峡西岸、长江中游、成渝等城市群。

⑧ 广昆通道。广州—南宁—昆明高速铁路。连接华南、西南地区，贯通珠三角、北部湾、滇中等城市群。

(3) 拓展区域铁路连接线。

在"八纵八横"主通道的基础上，规划建设高速铁路区域连接线，进一步完善路网、扩大覆盖。

① 东部地区。北京—唐山、天津—承德、日照—临沂—菏泽—兰考、上海—湖州、南通—苏州—嘉兴、杭州—温州、合肥—新沂、龙岩—梅州—龙川、梅州—汕头、广州—汕尾等铁路。

② 东北地区。齐齐哈尔—乌兰浩特—白城—通辽、佳木斯—牡丹江—敦化—通化—沈阳、赤峰和通辽至京沈高速铁路连接线、朝阳—盘锦等铁路。

③ 中部地区。郑州—阜阳、郑州—濮阳—聊城—济南、黄冈—安庆—黄山、巴东—宜昌、宣城—绩溪、南昌—景德镇—黄山、石门—张家界—吉首—怀化等铁路。

④ 西部地区。玉屏—铜仁—吉首、绵阳—遂宁—内江—自贡、昭通—六盘水、兰州—张掖、贵港—玉林等铁路。

(4) 发展城际客运铁路。

在优先利用高速铁路、普速铁路开行城际列车服务城际功能的同时，规划建设支撑和引领新型城镇化发展、有效连接大中城市与中心城镇、服务通勤功能的城市群城际客运铁路。京津冀、长三角、珠三角、长江中游、成渝、中原、山东半岛等城市群，建成城际铁路网；海峡西岸、哈长、辽中南、关中、北部湾等城市群，建成城际铁路骨架网；滇中、黔中、天山北坡、宁夏沿黄、呼包鄂榆等城市群，建成城际铁路骨干通道。

2) 普速铁路网

扩大中西部路网覆盖，完善东部网络布局，提升既有路网质量，推进周边互联互通，形成覆盖广泛、内联外通、通边达海的普速铁路网，提高对扶贫脱贫、地区发展、对外开放、国家安全等方面的支撑保障能力。到2025年，普速铁路网规模达到13.1万km左右，并规划实施既有线扩能改造2万km左右。

(1) 形成区际快捷大能力通道。

推进普速干线通道瓶颈路段、卡脖子路段及关键环节建设，形成跨区域、多径路、便捷化大能力区际通道。结合新线建设和实施既有铁路扩能，强化集装箱、快捷、重载等运输网络，形成高效率的货运物流网，提高路网整体服务效率，扩大有效供给。

① 京津冀—东北通道。利用京哈、津山、沈山、哈大、集通等铁路，实施京通、平齐等铁路扩能，构建北京（天津）—沈阳—哈尔滨—绥芬河（同江）、北京（天津）—通辽—齐齐哈尔—满洲里等进出关通道，连接京津冀、辽中南、哈长城市群。

② 京津冀—长三角、海峡西岸通道。利用京沪、京九、华东二通道、皖赣、金温、赣龙等铁路，建设阜阳—六安—景德镇、衢州—宁德、兴国—永安—泉州等铁路，实施皖赣等铁路改造，构建北京（天津）—济南—上海（杭州、宁波）、北京（天津）—商丘—南昌—福州（厦门）通道，连接京津冀、长三角、长江中游及海峡西岸城市群。

③ 京津冀—珠三角、北部湾通道。利用京广、京九、湘桂、焦柳、大湛等铁路，建设龙川—汕尾等铁路，实施焦柳、洛湛南段扩能改造，构建北京—武汉—广州（南宁）、北京—南昌—深圳通道，连接京津冀、中原、长江中游、珠三角及北部湾等城市群。

④ 京津冀—西北（西藏）通道。利用京包兰、临哈、南疆以及京广、石太、太中银、兰青、青藏等铁路，实施青藏铁路格拉段、南疆铁路等扩能改造，建设柳沟—三塘湖—将军庙

铁路，构建北京（天津）—呼和浩特—乌鲁木齐—喀什、北京（天津）—石家庄—太原—兰州—西宁—拉萨通道，连接京津冀、兰西城市群及西藏地区。

⑤ 京津冀—西南通道。利用京广、沪昆、南北同蒲、西康、襄渝、成昆、内昆等铁路，构建北京—西安（长沙）—川、渝、黔、滇通道，连接京津冀与滇中城市群。

⑥ 长三角—西北通道。利用京沪、陆桥以及宁西铁路等，实施西平铁路、宝中铁路平凉至中卫段扩能、三门峡经禹州至江苏沿海港口铁路，构建长三角—西安—乌鲁木齐—阿拉山口（霍尔果斯）通道，连接长三角、中原、关中平原、兰西城市群。

⑦ 长三角—成渝通道。利用京沪、宁西、宁启、铜九、武九、武襄渝、达成、成渝等铁路，实施南京—芜湖—铜陵—九江铁路等扩能改造，建设九江—岳阳—常德、黔江—遵义—昭通—攀枝花—大理铁路，规划研究沿江货运铁路，构建上海—南京（合肥）—武汉—重庆—成都沿江通道，连接长三角、长江中游、成渝城市群。

⑧ 长三角—云贵通道。利用沪昆、金温铁路等，建设宁波（台州）—金华、温州—武夷山—吉安、赣州—郴州—永州—兴义铁路，实施衡茶吉铁路扩能，构建长三角、长江中游至云贵地区通道。

⑨ 长三角—珠三角通道。利用沪昆、京九、京广等铁路，实施赣韶铁路扩能，连接长三角、珠三角城市群。

⑩ 珠三角—西南通道。利用京广、沪昆、渝黔、广茂、黎湛铁路等，建设柳州—梧州—广州、韶关—贺州—柳州—百色铁路，实施渝怀、黔桂、南昆铁路扩能，构建珠三角至西南地区通道。

⑪ 山东半岛—西北通道。利用胶济、石德、石太、太中银、兰新铁路等，建设平凉经固原至定西等铁路，构建山东半岛西向联系通道。

⑫ 西北—西南通道。利用兰新、陇海、宝成、包西、兰渝、西康、襄渝、渝黔、成昆、内昆等铁路，建设库尔勒—格尔木、格尔木—成都等铁路，构建西北（含呼包鄂榆）至西南地区通道。

同时，利用大秦、神朔、朔黄、张唐、新菏兖日、山西中南部、宁西等铁路，建设蒙西至华中地区、庆阳—黄陵、庆阳—平凉、神木—瓦塘等铁路，构建西煤东运、北煤南运、海（江）铁联运大通道，完善煤炭集疏运系统，提升煤运通道能力。

（2）面向"一带一路"国际通道。

推进我国与周边互联互通，完善口岸配套设施，强化沿海港口后方通道。

① 西北方向。规划建设克拉玛依—塔城（巴克图）、喀什—伊尔克什坦、喀什—红其拉甫、阿勒泰—喀纳斯（吉克普林）、阿勒泰—吉木乃等铁路及满都拉、乌力吉、老爷庙等口岸铁路。

② 西南方向。实施南宁—凭祥铁路扩能，规划建设芒市—猴桥、临沧—清水河、日喀则—吉隆、日喀则—亚东、靖西—龙邦、防城港—东兴等铁路。

③ 东北方向。实施集宁—二连浩特铁路扩能，规划建设伊尔施—阿日哈沙特、海拉尔—黑山头、莫尔道嘎—室韦、古莲—洛古河、虎林—吉祥、密山—档壁镇、南坪—茂山、开山屯—三峰、长白山—惠山、盘古—连崟等铁路。

④ 沿海方向。以大连、秦皇岛、天津、烟台、青岛、连云港、上海、宁波—舟山、福州、泉州、厦门、汕头、深圳、广州、茂名、湛江、海口等沿海城市及重要港口为支点，畅

通港口城市后方铁路通道及集疏运体系，构建连接内陆、铁海联运的国际交通走廊。

（3）促进脱贫攻坚和国土开发铁路。

① 扩大路网覆盖面。建设安康—恩施—张家界、赣州—郴州—永州—兴义、阜阳—六安—景德镇、温州—武夷山—吉安、兴国—永安—泉州、黔江—遵义—昭通—攀枝花—大理、宁德—南平、瑞金—梅州、建宁—冠豸山、韶关—贺州—柳州—百色、黄陵—庆阳—平凉—固原—定西、额济纳—酒泉、汉中—巴中—南充、贵阳—兴义、黄桶—百色、涪陵—柳州、泸州—遵义、师宗—文山、临沧—普洱等铁路。

② 完善进出西藏、新疆通道。建设川藏铁路雅安—昌都—林芝段、滇藏铁路香格里拉—邦达段、罗布泊—若羌—和田、成都—格尔木、柳沟—三塘湖—将军庙、西宁—玉树—昌都铁路，研究建设新藏铁路和田—日喀则段，形成进出西藏、新疆、青海及四省藏区的便捷通道。促进沿边开发开放。建设韩家园—黑河、孙吴—逊克—乌伊岭、鹤岗—富锦、创业—饶河—东方红、东宁—珲春等东北沿边铁路，芒市—临沧—文山—靖西—防城港等西南沿边铁路。

（4）强化铁路集疏运系统。

以资源富集区、主要港口及物流园区为重点，规划建设地区开发性铁路及疏港型、园区型等支线铁路，形成干支有效衔接、促进多式联运的现代铁路集疏运系统，畅通铁路运输的"最先一公里"和"最后一公里"。

上述路网方案实现后，远期铁路网规模将达到 20 万 km 左右，其中高速铁路 4.5 万 km 左右。

3）综合交通枢纽

统筹运输网络格局，按照"客内货外"的原则，优化铁路枢纽布局，完善系统配套设施，修编铁路枢纽总图。创新体制机制，统筹建设运营，促进同步建设、协同管理，形成系统配套、一体便捷、站城融合的现代化综合枢纽。研究制定综合枢纽建设、运营、服务等标准规范。构建北京、上海、广州、武汉、成都、沈阳、西安、郑州、天津、南京、深圳、合肥、贵阳、重庆、杭州、福州、南宁、昆明、乌鲁木齐等综合铁路枢纽。

（1）客运枢纽。

按照"零距离"换乘要求，同站规划建设以铁路客站为中心、与其他交通方式有机衔接的综合交通体，特大城市要强化铁路客运枢纽、机场、城市轨道交通的便捷连接。实施站区地上地下立体综合开发，打造高效便捷的综合客运枢纽和产城融合发展的临站经济区。同步强化客运枢纽场站设施，完善动车段（所）、客运机车车辆及维修设施，完善客运枢纽（高速铁路车站）快件集散等快捷货物服务功能设施。

（2）货运枢纽。

合理布局铁路物流中心、铁路集装箱中心站及末端配送服务设施，扩大货物集散服务网络。按照"无缝化"衔接要求，完善货运枢纽多式联运、集装箱运输、邮政快递运输、国际联运及集疏运等"一站式"服务设施，提升枢纽集散能力和服务效率。优化货运枢纽编组站，完善货运机车车辆设施。布局建设综合维修基地、应急救援基地及配套完善铁路战备设施等。以发展枢纽型园区经济为导向，推进传统货运场站向城市物流配送中心、现代物流园区转型发展。

实训 1

召开以"中国铁路的发展之路"为主题的专题研讨会。

1. 方法

（1）对学生进行随机分组，一般 5~6 人一组。

（2）参观铁路博物馆、铁路企业等单位，寻找素材，提前一周告知学生进行准备。

（3）围绕主题收集有关资料和信息，通过小组讨论，形成小组观点，撰写发言提纲及论文。论文文体不限，可以是案例分析、调研报告、论文，也可以是其他文件，字数 2 000 字左右。

（4）选择 1~2 名学生作为专题研讨会主持人。

（5）每个小组发言时间不超过 15 min，其中一人进行主要发言，其他学生可进行补充。

（6）小组发言后，教师进行提问，学生进行回答。

（7）教师对研讨会的情况进行点评。

2. 目的和要求

注重知识的应用，突出语言表达能力、信息收集能力、自学能力、合作协调能力的培养，从而树立学生立足铁路、服务铁路的信心和决心，思考如何适应铁路职业生涯。

【项目考核】

1. 理论考核

通过完成以下题目，获得理论考核成绩（见表 1-1），满分 60 分。

（1）高速铁路是如何定义的？

（2）简述国外高速铁路发展历程。

（3）简述我国高速铁路发展历程。

表 1-1　理论考核成绩表

题号	总分	得分	亮点
（1）	20 分		
（2）	20 分		
（3）	20 分		
总分：		教师签名：	

2. 素质考核

通过考核以下项目，获得素质考核成绩（见表 1-2），满分 40 分。

表 1-2　素质考核成绩表

序号	评价内容（每项 10 分）	得分	亮点
1	出勤情况		
2	课前预习情况		
3	课堂表现		
4	任务完成情况		
总分：		教师签名：	

项目 2　高速铁路主要行车设备

【项目描述】

近年来,因为高速铁路的高效性及安全性,越来越多的人选择高速铁路出行。而我国高速铁路也成为国家的一张新名片。先进的行车设备是高速铁路运营管理现代化的基础,本项目主要介绍高速铁路动车组、高速铁路线路、高速铁路车站、计算机联锁系统、CTC 设备等内容,是进一步学习行车组织内容的基础。

【知识目标】

(1) 掌握高速铁路动车组的构成。
(2) 认识不同类型的动车组。
(3) 熟悉高速铁路线路及车站与普通铁路线路及车站的不同。
(4) 认识计算机联锁系统并熟悉其操作。
(5) 熟悉 CTC 设备功能。

【能力目标】

(1) 认识各种类型的动车组。
(2) 熟练操作计算机联锁设备及 CTC 设备。
(3) 具备保证安全生产的技术水平。

任务 2.1　高速铁路动车组

2.1.1　拟完成的工作任务

广深港高速铁路(Guangzhou-HongKong High-speed Railway),简称广深港高铁,广深港高速铁路广深段于 2005 年 12 月 18 日动工建设,2011 年 12 月 26 日通车运营;香港段于 2010 年 1 月 27 日动工建设,于 2018 年 9 月 23 日通车运营。截至 2018 年 8 月,广深港高速铁路营运列车有和谐号系列动车组中的 CRH$_2$A/C、CRH$_3$C、CRH380A/B,以及复兴号系列动车组中的 CR400AF/BF 等车型,构造速度均为 350 km/h 以上;全线路段配置了 CTCS-3 级的列车运行控制系统。

快速铁路动车组是国内外铁路客运大量采用的车型,是城际和市郊铁路实现小编组、大密度的高效运输工具,它以编组灵活、方便、快捷、安全、可靠、舒适为特点,备受世界各国铁路运输和城市轨道交通运输青睐。

通过本任务的学习及对相关资料的查阅,学生分组制作 PPT,对不同类型动车组进行介绍。

2.1.2 任务目的

(1) 掌握动车组的构成。
(2) 了解动车组的技术特点。
(3) 认识动车组各组成部分并熟悉各部分作用。
(4) 能够认出不同类型的动车组列车。

2.1.3 所需设备

各类型动车组模型。

2.1.4 相关配套知识

动车组是完成高速铁路旅客运输生产任务的主要移动设备,它自带动力、固定编组、两端均有司机驾驶室,具有机车和客车车底的双重性质。

高速铁路的动车组列车按动力配置类型可分为动力集中式和动力分散式。动力分散式具有轴重小,起动、停车平稳,制动距离短等突出优点,是高速动车组的发展方向。

知识点1 动车组的构成

动车组列车一般由车体、转向架、车辆连接装置、制动装置、车辆内部设备、牵引传动系统和辅助供电系统等 7 个部分组成,如图 2-1 所示。

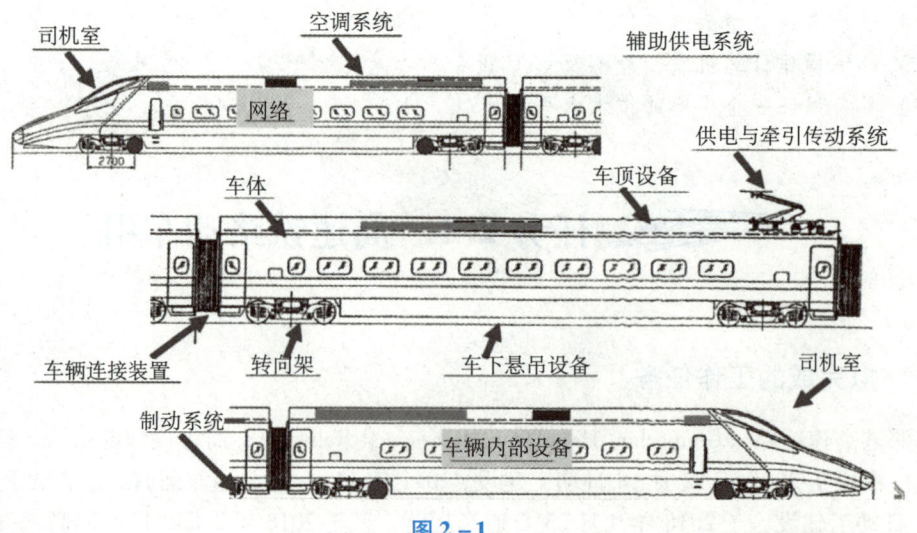

图 2-1

1. 车体

车体是容纳乘客和司机驾驶的地方,同时也是安装与连接其他设备和部件的基础。动车组车体分为带司机室和不带司机室两种。

2. 转向架

转向架置于车体和轨道之间，用来牵引和引导车辆沿轨道行驶、承受和传递来自车体和线路的各种载荷并缓和其动作用力。转向架是保证列车运行品质和安全的关键部件，一般由轮对轴箱装置、构架、弹簧悬挂装置、车体支承装置和制动装置组成。

动车组转向架分为动力转向架和非动力转向架，动力转向架一般包括牵引电机及传动装置。

3. 车辆连接装置

车辆编组成列车运行必须借助于车辆连接装置，其机械连接包括车钩缓冲装置和风挡等，同时还有车辆之间的电气和空气管路的连接、高压电气的连接、辅助系统和列车供电连接，以及控制系统连接等。

车辆间的牵引缓冲装置是关系到缓和列车冲击、提高旅客舒适性和列车运行安全性的重要部件。

4. 制动装置

制动装置是保证列车安全运行所必需的装置。动车组采用动力制动和摩擦制动的复合制动模式，制动控制系统包括动力制动控制系统（再生制动）和空气制动控制系统，此外还有电子防滑器及基础制动装置等。

5. 车辆内部设备

车辆内部设备是指服务于乘客的车内固定附属装置，如车内电气、供水、通风、取暖、空调、座席、车窗、车门、行李架、旅客信息服务系统等。

6. 牵引传动系统

动车组牵引传动系统的功能是将电能转换成机械能牵引列车运行，同时在列车制动时将机械能转变成电能回馈电网。牵引传动系统主要包括主电路、高压设备、受电弓、主断路器、其他高压设备、主变压器、牵引交流器、牵引电机及电传动系统的保护等。

7. 辅助供电系统

辅助供电系统的供电设备包括空气压缩机、冷却通风机、油泵/水泵电机、空调调节系统、采暖设备、照明设备、旅客服务设备、应急通风装置及维修用电等。

另外，辅助供电系统还具备应急供电功能。应急用电包括客室应急通风、应急照明、应急显示、维修用电、通信及其控制等。

知识点 2 动车组的技术特点

动车组的主要技术特点包括固定编组、动力集中或动力分散、密接车钩、整体运用、整体保养检修、大修前不解体、采用网络控制、交流传动/液力传动、制动系统完整设计。

高速动车组的技术特点主要包括：头部流线型，车体轻量化，高速转向架，高速受流技术，车厢密闭、空调换气，低噪声、低轮轨力，配备现代化动车段、综合维修基地。下面简单介绍其中一些特点。

1. 车体头部的流线型外形设计

随着列车运行速度的提高，列车与周围空气的动力作用明显加剧。对车体进行流线型优化设计（见图2-2），可以有效地减少运行空气阻力、列车交会压力波，有助于解决好动车组运行稳定性问题。

图 2-2

2. 车体的轻量化设计

对车体进行轻量化设计,降低轴重,既可以降低对车辆和线路的养护维修量,又可以降低运行能耗。

实现车体轻量化的主要途径有两个:一是采用新材料,二是合理优化结构设计。目前,国内外高速列车的车体材料主要为不锈钢和铝合金,从轻量化设计来看,随着铝合金制造工艺的成熟,与不锈钢相比有更大的优势。在保证车体强度和刚度的基础上,充分利用等强度理论和结构的有限元分析程序,对车体结构进行优化设计,减轻车辆自重。国内外经验证明,通过优化计算,车重可显著降低。

3. 车体的密封与降噪技术

动车组在会车时,特别是在隧道内会车时,车体表面将受到正负数千帕的瞬时压力变化,车外压力的波动会反映到车厢内,使旅客感到不舒服,轻则压迫耳膜,重则头晕恶心。

为了减少压力波的影响,保证旅客的舒适度,需要采取措施提高车辆的密封性能。列车的密封需要从车体结构和部件上给予考虑。如车体结构采用连续焊缝以消除焊接气隙,对不能施焊的部位必须用密封胶密封;采用固定式车窗;用空调换气设备进行压力控制。

为了降低车内噪声,一方面要削弱噪声源发出噪声的强度,另一方面要提高车体的隔声性能。具体来说,可以从车体、内装、设备安装、门窗以及研发使用新材料等角度采取降噪措施。

4. 密接式车钩连接装置

目前,世界各国动车组普遍采用密接式车钩连接装置,该装置两车钩连接面的纵向间隙一般都小于 2 mm,上下、左右偏移也很小,为提高列车的运行平稳性,以及电气线路、风管的自动对接提供了保证。

知识点3 我国动车组车型

1. CRH

中国铁路开行的 CRH(China railway high-speed)动车组列车已知车型有 CRH_1A、CRH_1B、CRH_1E、CRH_2A、CRH_2B、CRH_2C、CRH_2E、CRH_2G、CRH_3C、CRH_5A、CRH380A、CRH380AL、CRH380B、CRH380BL、CRH380C、CRH380D、CRH_6A、CRH_6F。其中,A 为 8 车厢的普通组,B 为 16 车厢的大编组,C 为中心组且时速最高,E 为卧铺动车组,G 为耐高寒型动车组。CRH_6 是中国自己独立研制的,CRH380 系列是改进的。中国铁路总公司将所有引进国外技术、联合设计生产的 CRH 动车组列车均命名为"和谐号"。

1)CRH_1

中国南车四方机车车辆股份有限公司与加拿大庞巴迪的合资公司——青岛四方 – 庞巴迪铁路运输设备有限公司(BST)生产,如图 2-3 所示。

图 2-3

2) CRH_2

中国南车四方机车车辆股份有限公司联合日本川崎重工并引进技术，负责国内生产，如图 2-4 所示。

图 2-4

3) CRH_3

中国北车唐山轨道客车有限责任公司联合德国西门子并引进技术，负责国内生产，如图 2-5 所示。

图 2-5

4）CRH₅

中国北车长春轨道客车股份有限公司联合法国阿尔斯通并引进技术，负责国内生产，如图 2-6 所示。

图 2-6

5）CRH380A

中国南车四方机车车辆股份有限公司自主研发的 CRH 系列高速动车组，于 2010 年 4 月 12 日通过新一代高速列车新头型发布会，4 月底完成首列车下线，并于 4 月 26 日开始进入环行线试验，5 月中旬完成环行线的调试，然后进入郑西高速铁路进行时速 160 km 以下调试试验，6 月 7 日开始正式高速试验，最高运行时速达 486.1 km。CRH380A 型动车组如图 2-7 所示。

图 2-7

6）CRH380B

CRH380B 型电力动车组列车由中国北车唐山轨道客车有限责任公司、长春轨道客车股份有限公司在 CRH₃C 型电力动车组列车基础上自主研发，也是"中国高速列车自主创新联合行动计划"的重点项目之一，主要用于高速城际铁路及客运专线，如图 2-8 所示。

7）CRH380C

CRH380C 型电力动车组列车由中国北车长春轨道客车股份有限公司在 CRH₃C、CRH380BL 型电力动车组列车基础上自主研发的 CRH 系列高速动车组列车，也是"中国高速

图 2-8

列车自主创新联合行动计划"的重点项目之一，如图 2-9 所示。

图 2-9

8）CRH380D

CRH380D 型电力动车组列车是青岛四方庞巴迪基于庞巴迪 Zefiro 车型而研发的 CRH 系列高速动车组，主要用于高速城际铁路及客运专线，如图 2-10 所示。

图 2-10

9）CRH_6

CRH_6 型动车组列车是由中国南车青岛四方机车车辆股份有限公司联合中国南车南京浦镇车辆有限公司共同研发的电力动车组，适用于城市之间及市区与郊区之间的短途通勤客运，满足载客量大、快速乘降、快起快停的运营要求。

2. CR

复兴号动车组列车,英文代号 CR (China railway),是中国标准动车组的中文命名,列车水平高于 CRH 系列,中国铁路总公司牵头组织研制,具有完全自主知识产权,达到了世界先进水平。

复兴号动车组列车的三个级别为 CR400/300/200,其中,数字表示最高时速,而持续时速分别对应 350、250 和 160,适应于高速铁路(高铁)、快速铁路(快铁)、城际铁路(城铁),早期的两个型号是蓝海豚 CR400AF 和金凤凰 CR400BF。复兴号 CR400 系列是上档时速 400 km、标准时速 350 km 的高速动车组列车,如图 2-11 所示。

图 2-11

任务 2.2 高速铁路线路

2.2.1 拟完成的工作任务

高速铁路线路的组成与普速铁路基本相同。但由于高速铁路要求高速度、高舒适性、高安全性等,为了达到以上要求,在线路技术方面,用道床和路基强化技术、无砟轨道、无缝道岔、跨区间超长无缝线路等技术,提高了轨道平顺性、刚度均匀性,大大减少了维修工作量,保证了高速行车安全,满足了旅客舒适度的要求。同时,为了解决与既有公路、道路立体交叉,节约宝贵的土地资源,减少拆迁工程数量,控制无砟轨道铺设完成后沉降,视地形、地貌、地质情况,采用高架线,以桥代路。所以,高速铁路线路相比普速铁路存在一些不同之处。

通过对本任务的学习,学生应能够正确说出高速铁路线路与普速铁路线路的不同之处。

2.2.2 任务目的

(1)熟悉铁路平、纵断面主要技术标准。
(2)掌握高速铁路平纵断面与普速铁路的区别。
(3)了解高速铁路轨道结构的特点。

2.2.3 所需设备

高速铁路沙盘、高速铁路道岔、扣件等设备。

2.2.4 相关配套知识

知识点1　高速铁路平面和纵断面

国内外铁路的长期运营实践证明，线路的平、纵断面对行车速度影响很大。线路平面标准包括最小曲线半径、缓和曲线、超高、欠超高、过超高等；线路纵断面标准包括坡度值和竖曲线等。随着列车运行速度的不断提高、大功率机车和动力分散式动车组的应用，以及对乘坐平稳舒适度的高标准、高要求，高速铁路线路的平、纵断面相对于普速铁路最显著的特点体现在：欠超高越来越小，允许坡度值越来越大。而其他各平、纵断面参数值则要求线路平纵断面的变化要尽可能平缓和舒适，保证线路高速行车的安全、稳定与高平顺性，均具有较高的技术标准。

① 线路采用全封闭、全立交，线路两侧按标准进行栅栏封闭，对铁路技术作业的专用通道和处所，须设置"非铁路作业人员禁止进入"的警示标志，站内不得设置平过道。

② 最小曲线半径根据不同的区间，因地制宜，合理选用。200 km/h 客运专线一般为 2 200 m；250 km/h 区间，有砟轨道一般为 3 500 m，无砟轨道一般为 3 200 m；300 km/h 区间，有砟轨道和无砟轨道均为 5 000 m；350 km/h 区间，一般要求 7 000 m。最大曲线半径为 12 000 m。

③ 限制坡度较大。由于高速铁路具有功率高、速度快的特点，可以为动车组爬坡提供强劲的动力，所以其线路允许用较大的坡度值。高速铁路区间正线的最大坡度为 20‰，困难地段达到 30‰，动车组走行线的最大坡度可达 35‰。

④ 竖曲线半径较大。高速铁路线路的相邻坡度差大于 1‰，应设置竖曲线。竖曲线一般采用圆曲线型，且竖曲线最小长度不宜小于 25 m，竖曲线半径不得小于 15 000 m。允许速度大于 200 km/h 的地段，竖曲线半径不得小于 20 000 m，但最大不大于 40 000 m。

知识点2　高速铁路轨道结构

高速铁路轨道结构和普速铁路轨道结构一样，是由钢轨、轨枕、扣件、道床、道岔等部件组成的。任何一个轨道部件的结构、性能、强度的变化都会影响所有其他部件的正常工作，对高速铁路的正常行车产生影响。由于列车对轨道结构的作用力与速度密切相关，所以要求高速铁路的轨道结构应具有足够的安全性、平顺性和稳定性。

1. 钢轨

直接承受车轮压力并引导车轮运行方向。我国高速铁路正线及到发线轨道均采用一次铺设的跨区间无缝线路，正线钢轨采用 100 m 长定尺的 60 kg/m 钢轨。

2. 轨枕

尽管在高速铁路的发展中无砟轨道所占的比例越来越大，但有砟轨道仍然是高速铁路轨道结构的主要形式之一。高速铁路有砟轨道广泛应用钢筋混凝土轨枕。轨枕在轨道结构中承担来自钢轨的压力，并将作用力传至道床，同时有效地保持轨距、方向等轨道行位。为了减少轨道变形，增大强度，高速铁路还采用双块式钢筋混凝土轨枕。双块式轨枕的主要优点是横向有 4 个受力点（单块式轨枕只有 2 个），增加了稳定性，而造价却比单块式轨枕减少 20%。

3. 扣件

我国高速铁路上都采用弹条扣件，分Ⅰ、Ⅱ、Ⅲ型，其扣压力分别为 8.5 kN、10.8 kN

和 11 kN，其弹程分别为 9 mm、11 mm、13 mm。弹条扣件是为高速与重载而研制的无螺栓式扣件，具有零件少、装卸方便、养护工作量小等优点。由于无螺栓，故无须进行涂油作业，十分适合高速行车和大型养路机械作业。

4. 道床

高速铁路的道床分有砟轨道和无砟轨道两种类型。新建 300 km/h 及以上铁路、长度超过 1 km 的隧道及隧道群地段，可采用无砟轨道。

1）有砟轨道

在高速铁路有砟轨道正线应采用特级碎石道砟。道床应有足够的厚度，以减少路基面所受的压力和振动，保证路基顶不发生永久性变形。因此，一般采用双层道床。枕下道砟厚度为 35 mm，垫层枕下道砟厚度为 20 mm。为了使道床的水能够迅速下渗，防止翻浆，在垫层底部要加设塑料和沥青等材料制作的各种形式的封闭层。有砟轨道如图 2-12 所示。

图 2-12

2）无砟轨道

无砟轨道是以混凝土或沥青混合料等取代散粒道砟道床而组成的轨道结构形式，具有平顺性高、刚度均匀性好、轨道几何形位能持久保持、维修工作量显著减少等特点。无砟轨道如图 2-13 所示。

图 2-13

5. 道岔

在高速铁路上使用的道岔以单开道岔为主。

1）高速铁路道岔的分类

按高速列车通过道岔的股道方向分，高速铁路道岔可分为直向高速道岔、直向和侧向均可高速通过的高速道岔两类。

（1）直向高速道岔。

直向高速道岔与普通单开道岔在道岔的长度及辙叉角部分与普通单开道岔基本相同。为保证列车直向通过道岔的速度与区间线路一致，从局部上改善了道岔的几何形状、强化结构的强度、增强稳定性，并可延长使用寿命。按《铁路技术管理规程（高速铁路部分）》规定，正线直向道岔的直向通过速度不应小于路段设计行车速度。

（2）直向和侧向均可高速通过的高速道岔。

此类道岔应用于新建高速铁路上，可满足高速列车侧向通过时对运行的安全性和舒适性的要求，一般在区间的单渡线和高速联络线上使用。

我国的高速铁路道岔为 42 号和 62 号道岔等。

2）高速铁路道岔的特点

高速铁路道岔转辙器部分的尖轨一般比较长，为保证尖轨转换安全、可靠及转辙器部分技术状态良好，必须安装有足够功率的转辙机。同时，在扳动道岔后，除转辙机本身应当锁闭外，还通过密贴监督装置控制开通进路，以保证尖轨转换后正常密贴。

在无联锁的线路上接发列车时，除严格按接发列车手续办理外，还应将进路上无联锁的道岔及邻线上防护道岔加锁。进路上无联锁的分动外锁闭道岔，无论对向或顺向，均应对密贴尖轨、斥离尖轨和可动心轨加锁。

我国高速铁路普遍采用可动心轨辙叉道岔，不仅可以减少道岔与动车组或机车车辆相互作用的附加惯性力及垂直、横向振动加速度，还能改善乘坐的舒适度，延长辙叉使用寿命。

任务 2.3　高速铁路车站

2.3.1　拟完成的工作任务

高速铁路车站与既有线车站相比，业务性质、技术作业配属设备等都有所不同。为了安全、迅速、准确、及时地完成运输任务，高速铁路车站应设置满足业务性质、运量及技术作业需要的设备。

通过本学习，应能够绘制不同高速铁路车站的站场布置图。

2.3.2　任务目的

（1）熟悉高速铁路车站的作用。

（2）掌握高速铁路车站的分类。

2.3.3 所需设备

高速铁路站场沙盘。

2.3.4 相关配套知识

高速铁路车站是铁路旅客运输的基层生产单位，是铁路与旅客之间联系的纽带。在铁路旅客运输生产过程中起着重要的作用，它是旅客运输的始发、中转和终到作业的地点，也是铁路旅客运输有关的行车、客服、工务、电务、供电、动车段（所）等部门协调地进行生产活动的场所。旅客选择铁路运输作为出行方式，首先接触到的是车站，因此，车站就成了提高服务质量、树立铁路信誉的门户。

高速铁路车站主要是为高速客流提供运输服务，其服务对象决定车站功能、分类上有别于普通的铁路车站。

1. 按技术作业性质分类

高速铁路车站按技术作业性质分为越行站、中间站和始发、终到站。

1) 越行站

越行站是中国高速铁路所特有的，设于站间距离较长的区间，办理高速列车越行作业，一般不办理客运业务。由于不办理客运业务，原则上可不设站台。除正线外，仅设 2 股列车待避用的到发线。

日本、法国等国高速铁路也有不同速度等级的列车运行，速度较低的列车也要在一些车站等待高速列车越行通过，但这些车站都兼办客运业务，因此没有单纯的越行站。

越行站在高速线上的布局，应根据不同速度列车的比例、列车开行方案、高速线需要的通过能力等因素来决定。

2) 中间站

中间站办理停站列车的到发作业和不停站列车的通过作业，以及办理旅客上、下车及换乘，一些较大的中间站还办理高速列车的少量始发、终到或立即折返作业，这些车站同样可以办理列车的越行作业。

中间站分布较广，多位于地市、县所在地，一般具有 2~4 股到发线（靠站台线）和 2 座旅客站台。

从高速列车的特点和组织看，为了缩短长途客车的旅行时间，大部分长途直达客车一般应不停站通过中间站，中间站的到发旅客由少数停站客车运输。在有大量旅客到发的中间站，则应另加开该站的始发、终到列车。对于正线通过列车多、停站列车相对较少的中间站，应采用侧式站台。但当停站的旅客列车较多时，为充分利用站台，也可采用岛式站台。

3) 始发（终到）站

始发（终到）站是办理大量高速列车始发（终到）作业的车站，通常位于高速铁路的起讫点，如京沪高速铁路的北京南站和上海虹桥站；办理始发（终到）列车的到发作业，有较大的到发客流；一般设有高速铁路动车段（所）。

2. 按车站客运量分类

高速铁路车站按车站客运量多少分为大型站、中型站和小型车站。

大型站多位于直辖市、省会所在地；中型站多位于省辖市所在地；小型站多位于县和县级市所在地。

3. 按基本操作方式对应行车指挥人员的不同分类

高速铁路车站按基本操作方式对应行车指挥人员的不同分为集控站和非集控站。

1）集控站

集控站是指行车指挥全面采用分散自律调度集中设备、调度终端具有信号设备的控制权、列车调度员直接办理接发列车作业的车站（线路所），一般是中小型车站。

2）非集控站

非集控站是指行车指挥全面采用分散自律调度集中设备、车务终端具有信号设备的控制权、由车站值班员办理接发列车作业的车站，一般是大中型车站。

任务 2.4 计算机联锁系统

2.4.1 拟完成的工作任务

参观实训室，掌握计算机及联锁设备操作界面各按钮、表示灯的作用，能够操作计算机联锁系统办理进路。

2.4.2 任务目的

（1）熟悉计算机联锁设备站场盘面。
（2）认识计算机联锁设备各种按钮及表示灯。
（3）掌握列车进路及调车进路的办理方法。

2.4.3 所需设备

高速铁路沙盘、计算机联锁仿真软件等。

2.4.4 相关配套知识

知识点 1　计算机联锁系统界面

在操作方式上，客运专线各站计算机联锁系统均采用显示屏与鼠标结合的操作台；在显示方式上，由显示屏提供丰富的信息。现以郑西高速铁路巩义南站（如图 2-14 所示）为例，说明屏幕的显示内容与操作方法。

屏幕上的信息显示方式大致分为两类：一类是自动显示的；另一类是人工检索的。有关进路、道岔和信号的信息能直观、及时和形象化地表现出来，例如站场图中的许多信息。有些不经常发生或不经常变化的信息则在信息柜（屏幕最下一行的信息提示框）中自动显示出来。

为了使屏幕简明清晰，有些信息（如道岔名、轨道区段名等）需以鼠标单击相应的菜单框才能显示出来。

无论是操作按钮还是选取菜单，都是通过操纵鼠标实现的。当要操作某一按钮时，首先移动桌面上的鼠标，将屏幕上的箭头形光标移动到所要操作的按钮上。当按钮作用区内出现手形符号时，再单击鼠标，即相当于按压了该按钮。根据铁路主管部门颁发的技术条件，本系统遵循顺序按压两个或两个以上的按钮才能形成操作命令的原则。如果操作不符合规定的操作顺序（不会引起联锁失效），屏幕上将给出相应的提示，提醒操作者及时取消错误的或无效的操作。

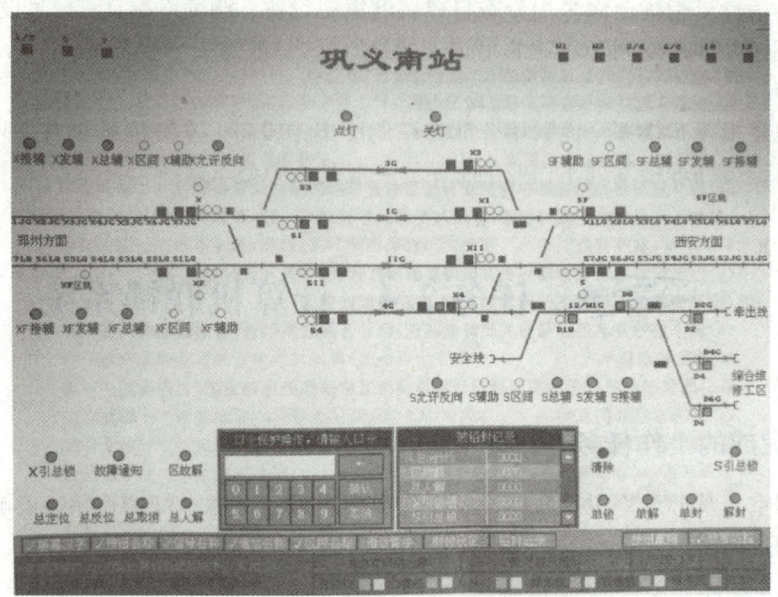

图 2-14

知识点 2　站场界面

1. 站场界面的设置与显示

（1）屏幕上的站场图形与信号平面布置图的站场图基本一致。

（2）绝缘节以白色短竖线（交叉渡线处的以短横线）表示，侵限绝缘以红圆圈中的红色竖线表示。

（3）经由道岔的线路以实线连接者为当前开通方向，线路的开口（道岔开口）表示了当前道岔的开通方向。

（4）线路的显示颜色：① 轨道区段空闲且在解锁状态时呈青色；② 轨道区段空闲且在锁闭状态时呈白色；③ 轨道区段有车或发生故障时呈红色。

2. 信号复示器的设置及显示

（1）信号复示器在站场图中的位置与信号布置平面图中的位置一致。

（2）列车信号机若为点灯状态，则显示与室外信号机保持一致；若为关灯状态，则在相应信号复示器上带×，室外灭灯。

（3）列车信号复示器在信号机关闭时呈圆形红色，信号机开放时其圆形颜色与相应的显示一致；信号机在点灯情况下灯丝均断时，复示器闪红光。

（4）调车信号复示器在信号关闭时呈蓝色；信号开放时呈白色；灯泡断丝时闪蓝光。

3. 道岔状态显示

道岔的状态在站场图的相应道岔处和单设的道岔按钮处均有显示。

1）站场道岔处的显示

① 道岔的开口表示当前线路断开的一侧。
② 道岔暂时（如正在转换）失去表示时，线路断开。
③ 道岔挤岔时，线路上挤岔的岔心闪红光，并有语音报警。
④ 道岔单封时，道岔岔心处出现蓝色圆点。
⑤ 道岔单锁或者道岔总锁时，道岔岔心处出现红色圆点。

2）道岔按钮处的显示

① 道岔在定位时，按钮呈绿色。
② 道岔在反位时，按钮呈黄色。
③ 道岔在转换时，按钮呈灰色。
④ 道岔挤岔时，按钮呈红色。
⑤ 道岔单封时，按钮呈蓝色。
⑥ 道岔单锁或者道岔总锁时，按钮呈红色。

知识点 3　菜单选取

屏幕下方第一行为菜单栏，或称菜单按钮栏。菜单栏中的按钮多为非自复式按钮。以鼠标单击某菜单框时，框中出现"√"符号，表示曾被单击过，同时屏幕上显示相应的信息。再次单击该框时，表示按钮复原，框中符号"√"及相应的信息随之消失。

① 汉字提示——显示或隐藏在站场图中的汉字名，例如牵出线、专用线等。
② 按钮名称——显示或隐藏在站场图中各按钮的名称，例如 BA、DZA 等。
③ 信号名称——显示或隐藏在站场图中各信号复示器的名称，例如 X、S 等。
④ 道岔名称——显示或隐藏在站场图中道岔的名称。
⑤ 区段名称——显示或隐藏在站场图中轨道区段的名称。
⑥ 语音暂停——停止当前正在重复（连续）播放的语音信息。该语音停播后不会重播，但不影响新发生的语音信息（重复性的）的播放。非重复性语音信息不受"语音暂停"框控制。
⑦ 时钟设定——修改当前的系统日时钟。
⑧ 铅封记录——采用鼠标作为操作器具时，无法在屏幕的按钮上加装铅封，而是以"口令"代替"铅封"。例如按压区段故障解锁按钮（区故解）时，屏幕上自动弹出口令输入窗口，在该窗口中输入口令（相当于破了铅封）后，"区故解"的操作才能生效。"铅封记录"框是为查看破封次数而设置的。当单击该菜单框时，在屏幕上弹出破封记录窗口。从该窗口中可查看对各"加铅封"按钮已操作的次数。单击该窗口中的符号"▲"或"▼"可使窗口中的页面上下移（滚）动。单击窗中的符号"×"，使窗口消失。
⑨ 按钮戴帽——对列车按钮、调车按钮、引导按钮进行戴帽/摘帽操作，可以实现按钮的封锁功能。
⑩ 非常站控——对本站进行站控模式和自律模式切换。

知识点 4　信息自动提示框

屏幕最下一行是信息自动提示框，主要包括以下 6 项内容。

1. 操作或联锁出现异常的信息提示框（在屏幕左下角）

该框中能提供以下信息。

① 操作错误——按钮操作不符合规定或按钮配对有误。

② 操作无效——按钮操作符合规定，但因条件不满足而无法执行，例如办理敌对进路操作。

③ 进路选不出——在进路选排过程中，因条件不满足而选不出。

④ 进路不能锁闭——进路选排成功后因进路锁闭条件不满足前无法锁闭进路。

⑤ 信号不能开放——开放信号的条件不满足。

⑥ 信号不能保持——信号开放后因保持条件不满足而不能保持开放。

⑦ 灯丝断丝——信号机灯丝断丝（灯丝继电器失磁）。

⑧ 命令不能执行——在进路或道岔锁闭期间，无法实现的操作命令。

⑨ 不能自动解锁——因某种故障使进路不能自动解锁。

2. 故障报警框

当发生灯泡断丝、熔丝断丝、道岔挤岔、备机故障等设备故障时，框内提供汉字报警信息，而且该框的底色为红、蓝交替闪烁。

3. 延时信息框

反映人工解锁、接近锁闭后的区段故障解锁、延续进路解锁、第一区段故障时引导造成开放信号或股道中间道岔解锁的延时解锁的时间变化情况。框内显示相应的信号名、区段名和倒计时信息。例如，"X3 人解：14"表示下行 3 股道发车进路人工解锁尚需延时 14 s。

4. 联机信息框

反映 RBC、列控机、自律机、操作机、联锁机、电务机及操作机与联锁机之间的通信网的状态。

① RBC——对应两台 RBC 通信前置机设有两个显示方块，左方块代表 N 通信前置机，右方块代表 R 通信前置机。绿色方块表示该机处于正常运行状态，红色方块表示该机处于脱机或停机状态。

② 列控机——对应两台列控机设有两个显示方块，左方块代表Ⅰ系，右方块代表Ⅱ系。绿色方块表示该机处于主控状态，黄色方块表示该机处于备机（热备）状态，红色方块表示该机处于脱机或停机状态。

③ 自律机——对应两台自律机设有两个显示方块，左方块代表Ⅰ系，右方块代表Ⅱ系。绿色方块表示该机处于主控状态，黄色方块表示该机处于备机（热备）状态，红色方块表示该机处于脱机或停机状态。

④ 操作机——对应两台操作机设有两个显示方块，左方块代表 A 机，右方块代表 B 机。绿色方块表示该机处于主控状态，黄色方块表示该机处于备机（热备）状态，红色方块表示该机处于脱机或停机状态。

⑤ 联锁机——显示内容及方式与操作机一样。

⑥ 电务机——设一个显示框。绿色表示该机正常运行，红色表示该机停止运行。

5. 系统日时钟框

系统日时钟是指系统内部表达当地标准时间的时钟，它有别于驱动计算机工作的时钟。在系统中（包括电务机），凡需要标明时间的设备状态、行车过程及各种数据，均以系统日时钟的时间为准。

系统时钟的底色不断变化时，表明操作机正在运行。

6. 电源屏供电框

该框反映电源屏当前供电状态。

① 主电源——表示当前是主电源供电。

② 副电源——表示当前是副电源供电。

注意：如果主、副电源均停电或未采集到电源供电条件，该框为空白。

知识点 5　其他信息显示

1. 信号机降级表示灯

每架进站信号机设置一降级信号表示灯，平时灭灯，当收到 TCC 的信号降级信息时显示红灯，此时如开放黄闪黄显示，则降级为双黄显示。

2. 区间空闲表示灯

每个正向发车区间设置一个"区轨"表示灯，用于监督整个站间是否空闲，当收到 TCC 区间空闲信息时显示灭灯，否则显示红灯。开放点灯状态的出站信号时，需要检查站间空闲，即"区轨"表示灯处于灭灯状态。

知识点 6　按钮配置及操作

1. 列车信号或进路按钮

1）列车信号按钮

在每一架列车信号复示器的前方，紧靠复示器处，设置一个绿色列车信号按钮，也称作列车进路按钮，主要供进路排列、解除或重复开放信号使用。

2）列车变通进路按钮

当在进路的始端和终端之间有两条或两条以上的进路时，规定其中一条为基本进路，其他几条则为变通进路。为了排列变通进路的需要，在变通进路经由的线路处设置一个绿色的列车变通进路按钮。若在列车变通进路上已设有调车信号按钮（单置、并置或差置），则该按钮可兼作列车变通进路按钮。

3）列车通过按钮

为了简化操作，排列列车通过进路时，把正线直股接车进路和正线直股发车进路视为一条进路，只需按压一个通过进路的始端按钮和一个双线发车口处的列车终端按钮即可。为此，在每一正向进站信号复示器的前方靠近信号按钮处，设一个绿色的列车通过按钮。

4）引导信号按钮

当进站信号机、出站信号机因故障不能开放或开放后又因故关闭时，可按引导方式接发车。为了办理引导进路和开放引导信号，在每个接发车信号复示器的前方设一个白色的引导信号按钮。

2. 调车信号或进路按钮

1）调车信号按钮

在每一架调车信号机、出站兼调车信号机的前方设置一个白色调车信号按钮。它既可作调车进路的始端按钮，又兼作调车进路的终端按钮、列车进路变通按钮、调车进路变通按钮，具体兼作哪个按钮,由按压按钮的顺序而定。因此,调车信号按钮也称为调车进路按钮。

2)调车进路终端按钮

当调车进路的终端处未设置调车信号机(相应的也未设调车信号按钮)时,须在该处设置一个白色的调车进路终端按钮。

3)调车变通进路按钮

当调车进路始端和终端两点间有两条或两条以上的调车进路时,规定其中只有一条为调车基本进路,其他皆为调车变通进路。为了排列调车变通进路,在变通进路必经的线路处需设变通进路按钮。若调车变通进路上没有反向单置调车信号机,则该信号机的信号按钮可兼作调车变通进路按钮。

3. 功能按钮

为了减少按钮数量和简化操作,把具有相同功能的操作赋予一个按钮承担,该按钮即为功能按钮。功能按钮可按车站或咽喉配置。

1)"总取消"按钮

为取消预先锁闭的进路,或者进路接近锁闭时关闭信号而设置的按钮。当防护信号机已开放,其接近区段未被列车或机车车辆占用时,若要解除已锁闭的进路,则须办理进路取消手续。它需与进路始端按钮配合使用。

2)"总人解"按钮(带铅封)

当防护信号机开放后,其接近区段被列车或机车车辆所占用,这时要解除已锁闭的进路,须办理进路的人工解锁(限时解锁)手续。办理了引导进路后,取消引导进路时需要使用总人解。为此,对应全站(或每一咽喉区)设一个带"铅封"的总人工解锁按钮(总人解)。所谓带铅封是一种习惯称法。操作这类按钮时,需输入口令码(相当于破封,口令码为"123")后才能生效。它需要与进路始端按钮配合使用。

3)"区故解"按钮(带铅封)

当计算机联锁系统上电,轨道停电恢复或列车通过进路后,因轨道电路故障而使部分乃至全部轨道电路区段未正常解锁时,为了解除上述轨道区段的进路锁闭,设置一个带铅封的"区故解"按钮。它需与区段名配合使用。"区故解"按钮也可作为紧急关闭已经正常开放的信号的一种手段。

4)"总定位"按钮

为了将道岔操纵到定位,对应全站(或每一咽喉区)的道岔设置一个共用的带灯的"总定位"按钮。它配合道岔按钮把该道岔操纵至定位。

5)"总反位"按钮

为了将道岔操纵到反位,对应全站(或每一咽喉区)的道岔设置一个共用的带灯的"总反位"按钮。它配合道岔按钮把该道岔操纵至反位。

6)"单封"按钮

同意电务人员对道岔进行维修的按钮。它需与道岔按钮配合使用。

7)"解封"按钮

解除单封的按钮。它需与道岔按钮配合使用。

8)"单锁"按钮

在特殊情况下(例如特种列车通过道岔时)将道岔单独锁闭的按钮。它需与道岔按钮配合使用。

9)"单解"按钮

解除道岔单锁的按钮。它需与道岔按钮配合使用。

10)"故障通知"按钮（带铅封）

设备发生故障时，用于记录和反映值班员对故障设备确认的按钮。

11)"点灯"按钮

用于对列车信号机进行点灯操作。它需与列车按钮配合使用。

12)"关灯"按钮（带铅封）

用于对列车信号机进行关灯操作。它需与列车按钮配合使用。

13)"道岔总锁"按钮

咽喉道岔总锁闭按钮，一次性锁闭/解锁咽喉内所有道岔时使用。道岔总锁与道岔单锁不同，实施道岔总锁后，本咽喉不能再次办理进路。

14)"清除"按钮

为清除不带铅封的操作按钮信息、"进路控制异常信息框"中的显示等，全站设一个"清除"按钮。

4. 专用按钮

1)道岔按钮

对应每组道岔（共用同一控制电路）设一个带显示的按钮。道岔按钮需与道岔功能按钮（如道岔总定位或总反位操纵按钮）配合操作，才能控制道岔。

2)道岔尖轨/心轨故障按钮（带铅封）

对应每组高速道岔设一个带灯按钮。当不需要启动该道岔时，可在按压故障按钮后使其他牵引电机动作。

5. 按钮操作

（1）对于不带铅封的按钮，通过用鼠标单击按钮，被单击按钮的操作立即生效。

（2）对于带铅封的按钮，当用鼠标单击按钮后屏幕上立刻弹出"口令保护操作，请输入口令"窗口（简称口令窗），要求操作者输入口令（相当于破铅封，口令为"123"）并确认。口令的输入过程如下。

① 输入口令码。单击口令窗内的数字键，每单击一个数键，窗中显示一个"*"号。如果输入错误，可以单击删除键"←"，删除错误数字，重新输入。

② 操作者认为口令码无误后，单击"确认"按钮。

③ 单击"确认"按钮后，系统（操作机）自动检查口令的正确性。若口令正确，系统会自动记录破封次数并使操作生效（屏幕对此无显示）。

④ 系统若检查出口令不正确，在异常信息提示框中显示"口令检查不正确，请重新输入"的提示信息，要求操作者重新输入口令。口令不正确的按钮操作不记入破封次数。

⑤ 操作者单击"确认"按钮之前，想取消该次按钮操作时，可直接单击口令窗内的"取消"按钮。

（3）当顺序操作多个按钮而不符合配对规则（例如单击了"总定位"按钮，又单击了一个信号按钮）时，屏幕上会弹出"操作错误"提示窗口，要求操作者单击窗口内的"确认"按钮消除不正确的操作信息。

6. 进路和信号的办理

1）办理列车进路和重复开放信号

（1）基本进路。

操作：进路始端信号按钮＋进路终端信号按钮（对于接车进路来说，进路终端信号按钮实际上是接车股道反向出站信号复示器处的信号按钮）。这里"＋"号左边的按钮为先单击的按钮，其右边的为后单击的按钮（下同）。

条件：符合联锁表要求。

显示：单击始端按钮后，信号机名闪烁，进路建立过程中，屏幕显示出有关道岔的动作情况。进路建立成功，进路呈白色光带，信号名呈白稳。信号开放后，复示器给出相应显示，信号名消失。进路建立失败，屏幕提供相应的信息。

（2）通过进路。

操作：通过进路按钮（在通过进路的始端）＋正线发车进路终端信号按钮。

条件：符合联锁表要求。

显示：相当于同时排列接车进路和发车进路时的表示。

注：当需办理进站的开灯状态的通过进路时，首先人工将出站办理为开灯状态，然后再办理通过进路。

（3）变通进路。

操作：始端信号按钮＋变通按钮（一个或一个以上）＋进路终端按钮。

条件：符合联锁表要求。

显示：与基本进路相同。

（4）重复开放信号。

操作：进路始端信号按钮。

主要条件：信号因故关闭，但开放条件仍然满足。

显示：信号复示器显示开放信号。

2）办理调车进路和重复开放信号

（1）基本进路。

操作：调车进路始端信号按钮＋调车进路终端信号按钮（顺向单置信号机的信号按钮、并置或差置反向信号机的信号按钮、尽头线反向信号机按钮或专设的调车进路终端按钮）。

条件：符合联锁表要求。

显示：类似于列车基本进路。

（2）变通进路。

操作：进路始端按钮＋变通按钮（变通进路中反向单置调车信号机的信号按钮或专设的变通按钮）＋进路终端按钮。

条件：符合联锁表要求。

显示：类似于基本进路。

（3）组合调车进路（长调车进路）。

操作：组合进路始端按钮＋组合进路的终端按钮（当组合进路包括变通进路时，在单击始端按钮之后，需单击变通进路的变通按钮）。

条件：符合联锁表要求。

显示：组合进路的调车信号由远及近地开放。

（4）重复开放信号。

操作：进路始端信号按钮。

条件：信号开放的条件满足。

显示：信号开放。

7. 信号机的点灯

1）进站信号机

操作：常态为关灯状态；需要转为点灯状态（如车载设备故障或开行未安装 ATP 车载设备的列车时，下同），单击点灯按钮＋信号按钮。

条件：必须在信号机红灯的关灯状态下完成，即信号复示器显示带"×"红灯时办理。在带"×"允许灯光时，需办理"总取消"按钮＋信号按钮先关闭信号；在带"×"引导灯光时，需办理"总人解"按钮＋信号按钮先关闭信号。

显示：信号复示器变为不带"×"显示。

2）不兼调车的出站信号机

操作：常态为关灯状态；需要转为点灯状态时，单击点灯按钮＋信号按钮。

条件：必须在信号机红灯的关灯状态下完成，即信号复示器显示带"×"红灯时办理。在带"×"允许灯光时，需办理"总取消"按钮＋信号按钮先关闭信号；在带"×"引导灯光时，需办理"总人解"按钮＋输入口令＋信号按钮先关闭信号。

在办理以该出站信号机为调车阻挡，或点灯接车进路阻挡时，自动转变为点灯状态。

显示：信号复示器变为不带"×"显示。

3）兼调车的出站信号机

操作：常态为关灯状态；需要转为点灯状态时，单击点灯按钮＋信号按钮。

条件：必须在信号机红灯的关灯状态下完成，即信号复示器显示带"×"红灯时办理。在带"×"允许灯光时，常办理"总取消"按钮＋信号按钮先关闭信号；在带"×"引导灯光时，需办理"总人解"按钮＋信号按钮先关闭信号。

在办理以该出站信号机为调车阻挡，或点灯接车进路阻挡时，自动转变为点灯状态。

当办理以该信号机为始端的调车进路时，自动转变为点灯状态。

显示：点灯后信号复示器变为不带"×"显示。

4）调车信号机

不存在点灯/关灯状态转变，均为点灯状态。

8. 信号机的关灯

1）进站信号机

操作：常态即为关灯状态；需要将已经点灯的信号机转为关灯状态时，单击关灯按钮＋输入口令＋信号按钮。

条件：必须在信号机红灯的点灯状态下完成，即信号复示器显示不带"×"红灯时办理。在不带"×"允许灯光时，需办理"总取消"按钮＋信号按钮先关闭信号；在不带"×"引导灯光时，需办理"总人解"按钮＋输入口令＋信号按钮先关闭信号。

接车进路首区段解锁后，自动转为关灯状态。

显示：信号复示器变为带"×"显示。

2）不兼调车的出站信号机

操作：常态即为关灯状态；需要将已经点灯的信号机转为关灯状态时，单击关灯按钮＋输入口令＋信号按钮。

条件：必须在信号机红灯的点灯状态下完成，即信号复示器显示不带"×"红灯时办理。在不带"×"允许灯光时，需办理"总取消"按钮＋信号按钮先关闭信号；在不带"×"引导灯光时，需办理"总人解"按钮＋输入口令＋信号按钮先关闭信号。

在由于办理了以该出站信号机为调车阻挡，或点灯接车进路阻挡而转变为点灯状态后，失去阻挡意义（如被阻挡进路解锁且股道空闲）时，自动转为关灯状态。

办理发车时，发车进路首区段解锁后，自动转为关灯状态。

显示：信号复示器为不带"×"显示。

3）兼调车的出站信号机

操作：常态即为关灯状态；需要将已经点灯的信号机转为关灯状态时，单击关灯按钮＋输入口令＋信号按钮。

条件：必须在信号机红灯的点灯状态下完成，即信号复示器显示不带"×"红灯时办理。在不带"×"允许灯光时，需办理"总取消"按钮＋信号按钮先关闭信号；在不带"×"引导灯光时，需办理"总人解"按钮＋输入口令＋信号按钮先关闭信号。

在由于办理了以该出站信号机为调车阻挡，或点灯接车进路阻挡而转变为点灯状态后，失去阻挡意义（如被阻挡进路解锁股道空闲）时，自动转为关灯状态。

办理发车或调车进路时，进路首区段解锁后，自动转为关灯状态。

显示：点灯后信号复示器为不带"×"显示。

9. 进路或轨道区段的解锁

1）取消进路

操作："总取消"按钮＋进路始端信号按钮。

主要条件：进路处于预先锁闭状态，进路空闲，轨道电路无故障，道岔位置正确。

显示：信号关闭，进路白光带消失。

2）人工解锁

操作："总人解"按钮＋输入口令＋进路始端按钮。

条件：进路处于接近锁闭状态，进路空闲，道岔表示正确。

显示：自信号关闭后，延迟到规定的时间（屏幕上有延时提示，正线进出站列车信号需延时5 min，侧线出站或调车信号需延时30 s才能解锁），进路白光带消失。

3）轨道区段故障解锁

操作："区故解"按钮＋输入口令＋待解锁的区段按钮。

条件：被解锁的区段不在列车或车列运行的前方，而且该区段轨道电路无故障。

显示：在单击"区故解"按钮并输入口令后，该按钮呈红色，同时所有需要解锁的区段处显示红色区段名，该区段名就是区段按钮。单击区段按钮，相应区段的白光带消失。

说明：

① 在连续解锁多个区段的情况下，除了解除第一个区段时需按上述操作外，解锁其他区段只需单击"区故解"和"区段名"按钮，而不需输入口令码，以便提高操作效率。

② 在解锁多个区段期间，如果误按了其他（非区段）按钮，则"区故解"操作信息失

效，必须重新单击"区故解"按钮和输入口令，再进行区段解锁。

③ 在进路处于接近锁闭状态和列车未驶入进路的情况下，进路因轨道电路故障而不能人工解锁，而需按区段故障解锁方式解锁。在此情况下，必须先使进路内方某一轨道区段按故障解锁方式延时解锁。该区段需延时 5 min 或 30 s 才能解锁，以后各区段解锁不用延时。在延时期间办理其他区段解锁无效。

④ 为了保证安全，系统初次上电后，全站所有轨道区段均处于锁闭状态。需按"区故解"方式使各区段解锁。

4）调车组合进路解锁

调车组合进路由若干条单元进路组合而成，进路的解锁需按单元进路分别办理。

10. 引导进路的办理与解锁

引导进路的办理与解锁分为两种方式：一是接发车进路已锁闭后转为引导方式。在这种方式下，本系统对进路实施了双重锁闭，即进路锁闭和引导锁闭。在解除锁闭时，需先解除引导锁闭，后解除进路锁闭。二是接发车进路不能锁闭时办理引导进路方式，该方式对引导进路仅实施了引导锁闭。

1）接发车进路锁闭后转引导方式

接发车进路已经锁闭，由于某种故障不能开放允许信号时，需按本方式办理引导进路。

（1）办理操作。

① 当信号机内方第一轨道区段电路无故障时的操作为：引导按钮 + 输入口令。引导信号开放后保持到列车驶入信号机内方或人工关闭时为止。

② 信号机内方第一轨道电路区段故障时的操作为：引导按钮 + 输入口令。此后必须断续地单击引导信号按钮。重复单击的间隔时间不应超过 14 s，否则引导信号自动关闭。

（2）解锁操作。

① 轨道电路无故障（含进路为白光带）情况下的解锁。

列车未驶入进路时的解锁操作如下。

第一步，取消引导锁闭的操作："总人解"按钮 + 输入口令 + 列车信号按钮。

第二步，取消进路锁的操作："总取消"按钮 + 列车信号按钮。

列车到达股道后的解锁操作如下。

第一步，取消引导锁闭的操作："总人解"按钮 + 输入口令 + 列车信号按钮（基本进路或变通进路）组合而成。

第二步，按"区故解"方式解除进路锁闭（发车也可采用再次办理"总人解 + 输入口令 + 列车信号按钮"方式解除进路锁）。

② 信号机内方第一轨道电路区段（以下简称第一区段）故障情况下的解锁。

列车尚未驶入接近区段时的解锁操作如下。

第一步，取消引导锁的操作："总人解"按钮 + 输入口令 + 列车信号按钮。

第二步，按"区故解"方式解除进路锁。

列车驶入接近区段时的解锁操作，必须在列车到达股道后才能进行，具体如下。

第一步，取消引导锁闭的操作："总人解"按钮 + 输入口令 + 列车信号按钮。

第二步，按"区故解"方式解除进路锁闭（发车也可采用再次办理"总人解 + 输入口令 + 列车信号按钮"方式解除进路锁闭）。

③ 信号机内方非第一轨道电路区段（其他区段）故障情况下的解锁。

列车尚未驶入接近区段，或办理引导进路后列车驶入接近区段的解锁操作如下。

第一步，取消引导锁闭的操作："总人解"按钮＋输入口令＋列车信号按钮。

第二步，按"区故解"方式解除进路锁。

列车先驶入接近区段，而后办理引导进路的解锁操作如下。

第一步，取消引导锁的操作："总人解"按钮＋输入口令＋列车信号按钮。

第二步，按"区故解"方式解除进路锁，但在单击第一个区段名后需延时 5 min 后才能解锁，其他区段解锁不再延时。

2) 接发车进路不能锁闭时办理引导进路方式

接发车进路因站内轨道电路区段故障不能建立时，需按本方式办理引导进路。

办理操作：引导按钮＋输入口令＋接发车终端列车信号按钮。

在此操作下，无故障道岔轨道电路区段中的道岔自动转换到引导进路所需的位置，并实现引导锁闭，非故障轨道区段显示白光带，引导信号开放。若引导信号内方第一轨道区段故障，则需连续地单击引导信号按钮。重复单击的间隔时间应不大于 14 s，否则引导信号将自动关闭。

① 信号机内方非第一轨道电路区段故障情况下的解锁操作："总人解"按钮＋输入口令＋列车信号按钮。

② 信号机内方第一轨道电路区段故障，列车尚未驶入接近区段情况下的解锁操作："总人解"按钮＋输入口令＋列车信号按钮。

③ 信号机内方第一区段故障，列车已驶入接近区段，必须在列车到达股道才能办理解锁："总人解"按钮＋输入口令＋列车信号按钮。

11. 道岔的单操、单封、单锁、单解、总锁及解锁、解封

1) 道岔单操

操作：总定位（总反位）按钮＋道岔按钮。

显示：单击总定（反）位按钮后，该按钮闪绿（黄）色灯。道岔转换到指定位置后，总定（反）位按钮恢复暗灰色，道岔按钮呈绿（黄）色。

2) 道岔单封

操作："单封"按钮＋道岔按钮。

显示：单击"单封"按钮后，该按钮蓝闪。被按压道岔按钮及线路中相应道岔处出现蓝色圆点后，道岔名称呈蓝色，"单封"按钮恢复原色。

3) 道岔解封

操作："解封"按钮＋道岔按钮。

显示：单击"解封"按钮后，该按钮绿闪；单击道岔按钮后线路中相应道岔处的蓝圆点消失，道岔按钮名及"解封"按钮恢复原色。

4) 道岔单锁

操作："单锁"按钮＋道岔按钮。

显示：单击"单锁"按钮后该按钮绿闪，线路上相应道岔处出现红圆点，道岔名称呈红色，"单锁"按钮恢复原色。

5) 道岔单解

操作："单解"按钮＋道岔按钮。

显示：单击"单解"按钮后，该按钮绿闪；按压道岔按钮后，道岔处的红圆点消失，道岔按钮名和"单解"按钮恢复原色。

6) 道岔总锁

操作："道岔总锁"按钮+输入口令。

显示：单击"道岔总锁"按钮后，该按钮呈红色，线路上所有本咽喉道岔处出现红圆点，道岔名称呈红色。

7) 道岔总锁解锁

操作："道岔总锁"按钮。

显示：再次按下"道岔总锁"按钮后，该按钮恢复原色；道岔处的红圆点消失，道岔按钮名恢复原色。

12. 按钮加帽与摘帽

1) 按钮加帽

操作："戴帽"按钮+对话框内"O"选项+信号按钮。

显示：单击"戴帽"按钮后，在信号按钮上出现"×"标记符号，表示按钮已被封锁。再次单击被封锁的按钮不能形成有效操作，并提示"按钮已加帽、禁止操作"。

2) 按钮摘帽

操作："戴帽"按钮+选择对话框内"摘帽"选项+已戴帽信号按钮。

显示：信号按钮上"×"标记符号消失，按钮恢复正常使用。

13. 改变运行方向

1) 改变运行方向的正常办理

设甲站为接车站，乙站为发车站，区间空闲，双方均办理发车。此时若甲站要求向乙站发车，当正向发车时，则由甲站值班员单击列车始终端按钮，办理发车进路，即可自动改变运行方向；逆向发车时，则由甲站值班员先单击允许反方向按钮（允许反向），然后单击列车始终端按钮，办理发车进路，即可自动改变运行方向。

2) 改变运行方向的辅助办理

设甲站为接车站，乙站为发车站，"区间"亮红灯。此时若甲站要求向乙站发车，需两站值班员确认区间空闲后，共同进行辅助办理来改变运行方向，具体操作如下。

（1）甲站。

破封按压"总辅"（鼠标操作为单击"总辅"按钮，输入口令，此时按钮闪烁），破封按压"发辅"（鼠标操作为单击"发辅"按钮，输入口令，此时按钮闪烁），"辅助"灯亮白闪；等乙站辅助办理完毕，甲站发车表示灯亮绿灯后，"发辅"自动复原，"辅助"灯亮白灯，表示甲站辅助办理完毕。值班员利用发车进路或调车进路办理发车作业，当列车进入信号机内方时，"辅助"灯灭灯。

（2）乙站。

破封按压"总辅"（鼠标操作为单击"总辅"按钮，输入口令，此时按钮闪烁），破封按压"接辅"（鼠标操作为单击"接辅"按钮，输入口令，此时按钮闪烁），"辅助"灯亮白闪；当接车表示灯亮黄灯，"辅助"灯亮白灯后，"接辅"自动复原，表示本站辅助办理完毕。

注：在"发辅""接辅""总辅"按钮按下期间，值班员也可再次单击按钮（相当于按

钮松开），使按钮复原。

3）屏幕设置及点灯条件

① 发车表示灯——绿色，向外方向箭头，表示本站处于发车方向。

② 接车表示灯——黄色，向内方向箭头，表示本站处于接车方向。

③ "总辅"按钮——总辅助按钮，非自复式，带口令。按下时，按钮闪烁；再次按压（相当于按钮松开）后，按钮停止闪烁。

④ "发辅"按钮——发车辅助按钮，条件自复式，带口令。按下时，按钮闪烁；再次按压（相当于按钮松开）或发车表示灯亮绿灯时，按钮停止闪烁。

⑤ "接辅"按钮——接车辅助按钮，条件自复式，带口令。按下时，按钮闪烁；再次按压（相当于按钮松开）或"辅助"灯亮白灯时，按钮停止闪烁。

"允许反向"按钮——允许反方向按钮，条件自复式，带口令。按下时，按钮闪烁；再次按压（相当于按钮松开）或逆向发车进路排列后，按钮停止闪烁。

⑥ "辅助"灯——辅助办理表示灯，平时灭灯，表示没有办理辅助改变运行方向；当已经办理辅助改变运行方向请求，TCC 正在改变方向时亮白闪；当 TCC 收到办理辅助改变运行方向请求，且方向改变成功时亮白灯。

⑦ "区间"灯——监督区间占用表示灯，平时灭灯，表示区间空闲；当区间有车占用，或已办理发车进路（含相邻站），或已开始辅助办理时亮红灯。

任务 2.5 CTC 设备

2.5.1 拟完成的工作任务

参观实训室，通过操作 CTC 设备，实现分散自律及非常站控模式下的相关操作。

2.5.2 任务目的

（1）熟悉 CTC 的基本概念及其功能。
（2）掌握分散自律操作方式。
（3）了解 CTC 车务终端的主要作业内容。

2.5.3 所需设备

CTC 仿真软件。

2.5.4 相关配套知识

知识点 1 CTC 调度系统概述

1. 概念

CTC（centralized traffic control system，调度集中控制系统）是调度中心（调度员）对某一区段内的信号设备进行集中控制、对列车运行直接指挥、管理的技术装备。分散自律调度集中系统是综合了计算机技术、网络通信技术和现代控制技术，采用智能化分散自律设计原则，以列车运行调整计划控制为中心，兼顾列车与调车作业的高度自动化的调度指挥系统。

2. CTC 的基本功能

① 列车运行实时显示及区段透明。
② 车次号追踪及早、晚点显示。
③ 列车到、发点自动采集及实际运行图自动描绘。
④ 行车计划自动调整与下达。
⑤ 调度命令与阶段计划下达。
⑥ 列车速报甩挂车作业及站存车信息。
⑦ 邻台间信息交换及分界口信息显示。
⑧ 车站行车日志自动生成。
⑨ 车站站间透明及语音提示。
⑩ 列车作业和调车作业实现分散自律控制。
⑪ 信号设备集中自动控制。
⑫ 列车进路按计划自动排路。
⑬ 中间站调车作业纳入。
⑭ 无线列车进路预告。
⑮ 无线调度命令/行车凭证发送。
⑯ 进路智能冲突检测。
⑰《站细》数据库纳入集中控制。
⑱ 列车运行实时显示及区段透明。

CTC 系统是铁路现代化的重要技术装备，是现代铁路综合信息化建设的重要内容，也是现代铁路的新型运输组织形式。它必须与我国铁路路情紧密结合，做到以 DMIS 为平台，以调度中心为核心，以行车指挥自动化为目标，实现铁路运输指挥的现代化。

3. 分散自律 CTC 调度台作业流程

作业流程如图 2-15 所示。

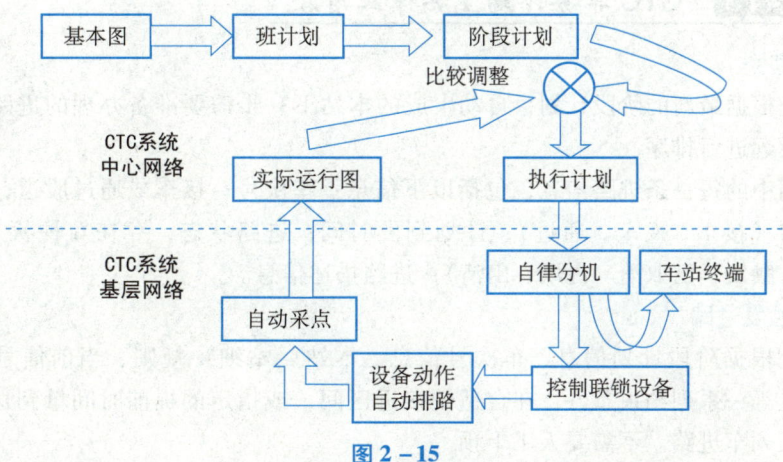

图 2-15

知识点2　分散自律操作方式

1. 中心控制操作方式

中心控制操作方式适用于较小的中间站或者无人站，信号设备控制权限划分如下。

① 中心具有信号设备的全部控制权，包括列车进路序列、列车进路按钮、调车进路序列、调车进路按钮及其他功能性控制操作。

② 车站无直接控制权限。

2. 车站调车操作方式

车站调车操作方式如下：中心对列车进路有操作权，对调车进路无操作权；车站对调车进路有操作权，对列车进路无操作权。

适用于大多数 CTC 控制车站的信号设备控制权限划分如下。

① 列车进路序列、列车进路按钮由中心控制。

② 调车进路序列、调度进路按钮由车站控制。

③ 道岔的单操、单锁、单解、单封，中心和车站均可操作。

④ 功能按钮：半自动闭塞按钮、坡道按钮、上电解锁按钮、允许改方、总取消按钮，中心和车站均可操作。

⑤ 对于封锁操作，在该操作方式下遵循"谁封锁，谁解锁"的原则，即调度员封锁的设备车站无法解锁，车站封锁的设备调度员无法解锁。

3. 车站控制操作方式

车站控制操作方式适用于较大型车站，信号设备控制权限划分如下。

① 车站具有全部信号设备的控制权，包括列车进路序列、列车进路按钮、调车进路序列、调车进路按钮及其他功能性控制操作。

② 中心无直接控制权限。

而在非常站控模式下，CTC 系统不再发出进路控制命令，所有的列车进路和调车进路由车站值班员在原有的微机联锁设备或 6502 控制台上手工操作。CTC 仅用来接收调度命令和阶段计划，并使用站间透明信息等（降级为 TDCS 使用）。

知识点3　CTC 车务终端主要作业内容

1. 进路序列

指本系统根据最新的阶段计划，自动生成的本站下一步需要准备办理的进路的列表，根据时间由近及远进行排序。

进路序列中的每一条进路信息，包括以下信息：车次号；接车或通过股道；是否自动触发；进路类型（接车、发车、通过）；计划到发时间；进路状态，存在 6 种状态（未触发、正在触发、已触发、已取消、占用、出清）；进路描述信息。

2. 自动触发进路

指本系统根据阶段计划信息、车次号信息、本站《站细》规则、当前信号道岔设备状态、列车位置等一系列约束条件，在合适的接近区间，或指定的提前时间量到达时，自动按计划排列接发列车进路。不需要人工干预。

自动排列进路的具体工作原理是：由车站自律机根据进路序列，自动产生操作命令，发往微机联锁设备，或通过驱动电路驱动 6502 设备，具体的进路联锁关系仍由联锁设备保证。

3. 人工触发进路

指人工从现有的进路序列中选择一条进路，开始进行排路操作，不再等待自动触发时系统规定的触发时机。人工触发时，依然要根据现有阶段计划、车次号信息、本站《站细》规则、当前信号道岔设备状态、列车位置等一系列约束条件进行安全性检查，只是排列进路的时机由人工操作决定。

4. 计划控制

指车站子系统是否将收到的列车运行计划作为检查进路合理性的依据，一般是检查列车进路和调车进路是否存在冲突。如果此项前面打钩，即表示自律机将收到的列车运行计划作为检查进路合理性的依据。如果有计划控制，则站场图上每个车站站名下的"计划控制"表示灯亮绿色。

5. 按图排路

表示车站自律机根据列车运行计划和调车作业计划生成进路序列指令，并自动触发执行。

6. 手工排路

表示车站系统自律机只执行人工直接按钮操作，计划和进路序列失效。直接通过点按进路始、终端按钮的方式来建立进路，跟传统的微机联锁操作或 6502 控制台操作类似。如果手工排列的进路能够通过联锁条件检查，则建立进路；否则无法建立该进路。在手工排列进路时，系统会要求输入当前手工办理的这条进路所对应的车次号，如果输入了车次号，系统会根据该车次号，在当前进路序列中进行对比检查。当手工建立的进路与进路序列窗中的这一车次的进路吻合时，进路序列中这一进路也会显示其状态为触发执行。如果没有输入车次号，则不会进行对应进路的检查。

实训 2

1. 实际操作

（1）通过参观现场实物，认识动车组不同组成部分，并能进行拆装练习。
（2）能够在模拟驾驶室中熟练地进行模拟驾驶，并能正确应对一些常见事故的发生。
（3）在实训室中完成对 CTC 设备的认知，感受其作用。

2. 案例分析

案例描述：2011 年 7 月 19 日，某高速铁路（CTCS-3 级，300～350 km/h 区段）G38 次（CRH380BL 型动车组）甲站 17：03 正点到达后，因 5、6、7 车的车门故障没有打开，17：05 正点开车后，车上有 28 名旅客未能下车。列车长向客服调度进行了汇报，客服调度指示列车长组织旅客在前方停车站（乙站）处理，并通知乙站客运、公安及值班站长重点组织好改签工作，组织旅客在乙站换乘下行列车返回甲站。而未通知列调值班副主任、铁路总公司调度。

乙站图定 18：09 到、18：10 开。G38 次正点到达乙站后，发车进路自动触发，18：12 司机报告有旅客不下车，车门不能关闭。后续列车 G18 次 18：20 分到达乙站，此时列车调度员再次询问 G38 次司机能否开出，司机答复仍不能确定。列车调度员通知司机取消发车，人工解锁发车进路，计划先准备 G18 次发车进路。G38 次发车进路尚未解锁时，司机通知具备开车条件，调度员重新开放信号，G38 次于 18：22 开，晚点 12 min，同时影响后续 G18、G146 次。定 G38 次担当客运段、动车段一般 D 类事故。

要求：分析在此动车组车门故障案例中存在的问题。

提示：在本案例中，存在的主要问题是：客服调度接到列车因车门故障有旅客未下车的报告后，安排旅客在前方站换乘方案虽然合理，但通报不到位，未能将处理方案及时通知列车调度员；列车长对换乘改签的旅客未能做好致歉说服工作，造成列车到达前方停车站，触发了发车进路后，因旅客不下车临时变更运行计划取消发车进路，扩大了事故影响。

【项目考核】

1. 理论考核

通过完成以下题目，获得理论考核成绩（见表2-1），满分60分。

(1) 高速铁路动车组由哪几部分组成？分别有什么作用？
(2) 高速铁路在线路设计上与普速铁路线路有何不同？
(3) 高速铁路车站是如何分类的？分别有什么作用？
(4) 计算机联锁设备有哪些功能？
(5) 如何利用计算机联锁设备办理接车进路、发车进路及通过进路？举例说明。
(6) CTC设备车务终端有哪些主要工作内容？

表2-1 理论考核成绩表

题号	总分	得分	亮点
(1)	10分		
(2)	10分		
(3)	10分		
(4)	10分		
(5)	10分		
(6)	10分		
总分：		教师签名：	

2. 素质考核

通过考核以下项目，获得素质考核成绩（见表2-2），满分40分。

表2-2 素质考核成绩表

序号	评价内容（每项10分）	得分	亮点
1	出勤情况		
2	课前预习情况		
3	课堂表现		
4	任务完成情况		
总分：		教师签名：	

项目 3　高速铁路列车运行控制系统

【项目描述】

列车运行控制系统（简称列控系统）是对列车运行实现自动控制的系统，包括车载设备和地面设备。根据信号制式的不同，列控系统的车载设备主要有机车信号、列车运行监控装置（LKJ）和列车超速防护设备（ATP）等；列控系统的地面设备包括轨道电路、应答器、列控中心和无线通信等。列车运行控制就是列车通过获取地面信息和命令，控制列车运行速度，并调整与前行列车之间的距离。通过本项目的学习，掌握列控系统的基本功能，为正确指挥列车运行提供保障。

【知识目标】

(1) 掌握 CTCS 的系统构成。
(2) 熟悉不同等级列控系统的适用范围。
(3) 掌握 CTCS-2 级列控系统的组成。
(4) 掌握 CTCS-3 级列控系统的组成。

【能力目标】

掌握 CTCS 基本功能，能正确指挥行车。

任务 3.1　中国列车运行控制系统

3.1.1　拟完成的工作任务

观看关于中国列车运行控制系统（CTCS）相关视频，讨论 CTCS 各应用等级的特点。

3.1.2　任务目的

(1) 了解 CTCS 的基本功能。
(2) 了解列控系统设备组成及其作用。
(3) 掌握 CTCS 等级划分及各级列控系统的特点。

3.1.3 所需设备

高速铁路教学沙盘、动车组驾驶模拟器、动车组列车仿真驾驶系统。

3.1.4 相关配套知识

知识点1 CTCS 系统等级划分与组成

中国铁路参照欧洲铁路列车运行控制系统 ETCS 的技术规范，编制了中国列车运行控制系统 CTCS 技术规范，在全路发展和装备列车运行控制系统。CTCS 体系的构建原则是以地面设备为基础，车载设备与地面设备统一设计。CTCS 体系分为四层结构，按照运输调度管理层、数据通信网络层、地面设备层和车载设备层配置，如图 3-1 所示。

| 运输调度管理层 |
| 数据通信网络层 |
| 地面设备层 |
| 车载设备层 |

图 3-1

针对中国铁路不同的线路和采用的闭塞技术设备的现状，同时按照列车运行控制技术的高端水平进行规划，CTCS 依次分为 CTCS-0、CTCS-1、CTCS-2、CTCS-3、CTCS-4 共五个级别，同条线路上可以实现多种应用级别，向下兼容，以满足不同线路速度要求。

CTCS 系统组成示意图如图 3-2 所示。

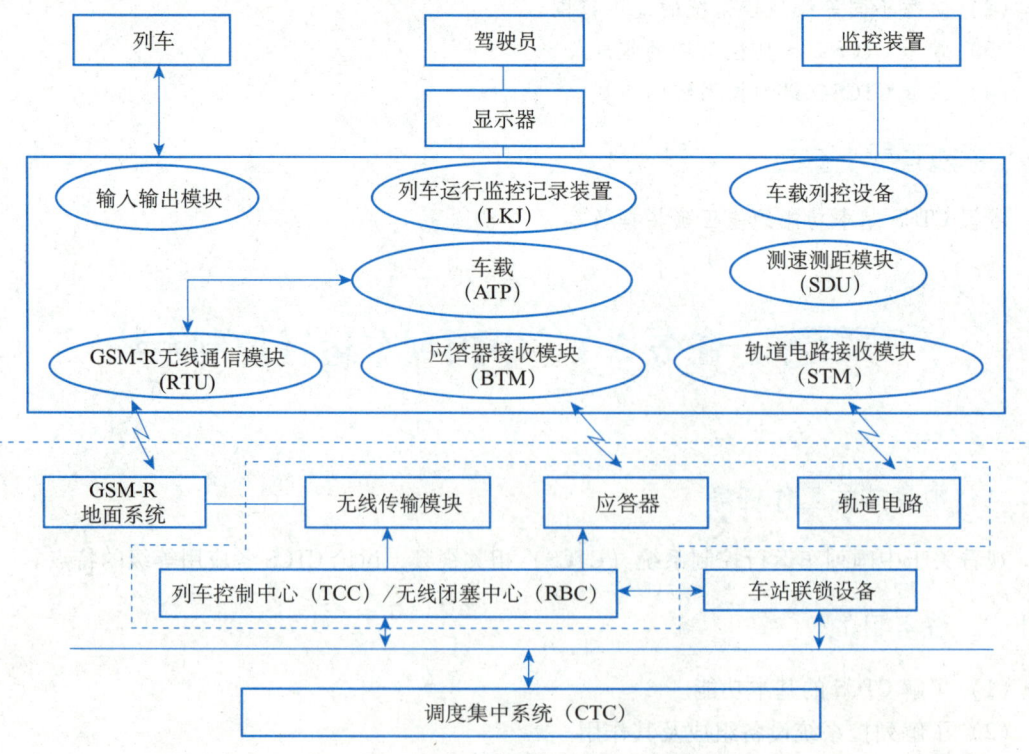

图 3-2

CTCS 系统有两个子系统，即地面子系统和车载子系统。

1. 地面子系统

地面子系统由以下部分组成：调度集中系统（CTC）、应答器、轨道电路、无线通信网络（GSM-R）、列车控制中心（TCC）、无线闭塞中心（RBC）。其中 GSM-R 不属于 CTCS 设备，但却是 CTCS 的重要组成部分。

① 调度集中系统（CTC）设于调度指挥中心，实现了行车指挥自动化，用于对调度中心管辖区段内的车站信号、道岔等设备和进路集中控制。

② 列车控制中心（TCC）设置于车站，这是一个基于安全计算机的控制系统，它根据地面子系统或来自外部地面系统的信息，如轨道占用信息、联锁状态等产生列车行车许可命令，并通过车地信息传输系统传输给车载子系统，保证列车控制中心管内列车的安全运行。

③ 无线闭塞中心（RBC）设置于车站，它根据列车数据、轨道电路、联锁进路等信息生成行车许可，并通过 GSM-R 无线通信系统将行车许可、线路参数、临时限速等信息传输给车载设备；同时通过 GSM-R 无线通信系统接收车载设备发送的位置和列车数据等信息。

④ 车站联锁设备包括轨道电路、应答器、GSM-R，用于保证车站列车运行的安全，提高车站通过能力。轨道电路具有轨道占用检查、沿轨道连续传送车地信息功能；应答器是向车载子系统发送报文信息的传输设备，既可以传送固定信息，也可连接轨旁单元传送可变信息；无线通信网络（GSM-R）用于在车载子系统和车站无线闭塞中心之间进行双向信息传输，是一个车地通信传输平台。

2. 车载子系统

车载子系统由以下几部分组成：车载 ATP、GSM-R 无线通信模块（RTU）、测速测距模块（SDU）、应答器接收模块（BTM）、轨道电路接收模块（TCR）、列车运行监控记录装置（LKJ）、司法记录器。

① 车载 ATP 是基于安全计算机的控制系统，通过与地面子系统交换信息来控制列车运行。

② GSM-R 无线通信模块（RTU）用于车载子系统和列车控制中心进行双向信息交换。

③ 测速测距模块（SDU）一般采用多普勒雷达和车轮传感器来实现列车的测速和测距，所得到的距离和速度信息送给 ATP 和 LKJ，用于防护列车运行。车载列控设备利用多普勒雷达和车轮传感器的数据配合，可识别列车发生的"空转"和"滑行"现象。

④ 应答器接收模块（BTM）用于接收地面应答器传输的信息，并通过解码后传送给车载 ATP。

⑤ 轨道电路接收模块（TCR）用于接收地面轨道电路传输的信息，并通过解调后传送给车载 ATP 和 LKJ。

⑥ 列车运行监控记录装置（LKJ）具有速度防护功能，装备于 CTCS-0/1/2 级的列车上。在 CTCS-0/1 的线路上由 LKJ 防护列车运行；在 CTCS-2 级的线路上由 ATP 防护列车运行。

⑦ 司法记录器将 RBC 所有状态以及列车报告的数据和状态均记录下来，以备分析检查。

DMI 和 MMI 分别是 ATP 和 LKJ – 2000 的人机交互界面，为列车运行提供数据以及图形显示，同时为机车乘务员提供数据输入功能。

知识点 2　CTCS 的应用等级

1. CTCS-0 级

CTCS-0 级系统应用于既有铁路 120 km/h 及以下的区段，主要是为了兼容既有铁路信号制式。CTCS-0 级系统的车地通信由轨道电路完成。地面子系统采用国产轨道电路构建的三显示/四显示固定闭塞系统，车载设备为通用机车信号+列车运行监控记录装置（普通型）。

2. CTCS-1 级

CTCS-1 级系统应用于既有铁路 160 km/h 及以下的区段，CTCS-1 级系统的车地通信由轨道电路完成，地面子系统采用了 ZPW-2000 型轨道电路构建的固定闭塞系统，车载设备由主体机车信号+列车运行监控记录装置（加强型）组成。CTCS-1 级是在既有设备基础上强化改造而成的，达到机车信号主体化要求，并增加点式设备，实现列车运行安全监控功能。

3. CTCS-2 级

CTCS-2 级系统是基于轨道电路信息和应答器信息的列车运行控制系统，适用于提速线路和高速线路。地面子系统采用 ZPW-2000A/K 型轨道电路和点式应答器设备完成车地通信，车载设备由 ATP+LKJ-2000（机车运行监控记录装置）组成，采用准移动闭塞，地面可不设通过信号机，机车乘务员凭车载信号行车。

在 CTCS-2 级区段，通过地面、车载一体化设计，能为运行速度在 200 km/h 及以上的动车组提供完整的列车速度防护功能，保证列车运行安全，并提供最优的运输能力。

CTCS-2 级系统立足于国产化的地面设备，车载信号设备按照引进再创新形式供货，功能较齐全，并适合国情。

4. CTCS-3 级

CTCS-3 级系统面向提速干线、高速铁路或特殊线路，是基于无线通信（GSM-R）传输信息并采用轨道电路等方式检查列车占用的列车运行控制系统，采用准移动闭塞，列车占用检测及完整性检查由地面信号系统完成，地面可不设通过信号机，机车乘务员凭车载信号行车。

5. CTCS-4 级

CTCS-4 级系统面向高速铁路线或特殊线路，是完全基于无线通信（GSM-R）的列车运行控制系统。CTCS-4 级系统采用移动闭塞或虚拟闭塞，由无线闭塞中心（RBC）和车载验证设备共同完成列车占用检测及完整性检查，点式信息设备提供列车用于测距修正的定位基准信息，地面不设轨道电路和通过信号，机车乘务员凭车载信号行车。

CTCS 的应用等级划分有以下两个特点：

① 各应用等级均采用目标距离控制模式，采用连续一次制动方式；

② 各应用等级是根据设备配置来划分的，其主要差别在于地对车信息传输的方式和线路数据的来源。CTCS-0/1 采用将线路数据储存于车载数据库、列车根据当前位置来提取相应数据的方式；CTCS-2 采用点式信息设备传输线路数据的方式，增加了线路数据的实时性；CTCS-3 采用无线通信 GSM-R 的方式实现实时、双向信息传输。

不同列控系统等级比较表见表 3–1，其中 L 表示闭塞分区。

表 3–1　列控系统等级比较表

应用等级	CTCS-0	CTCS-1	CTCS-2	CTCS-3	CTCS-4
控制模式	目标距离	目标距离	目标距离	目标距离	目标距离
制动方式	一次连接	一次连接	一次连接	一次连接	一次连接
闭塞方式	固定闭塞或准移动闭塞	准移动闭塞	准移动闭塞	准移动闭塞	移动闭塞或虚拟闭塞

续表

应用等级	CTCS-0	CTCS-1	CTCS-2	CTCS-3	CTCS-4
车地信息传输	多信息轨道电路	多信息轨道电路+点式设备	多信息轨道电路+点式设备	无线通信双向信息运输	无线通信双向信息运输
轨道占用检查	轨道电路	轨道电路	轨道电路	轨道电路等	无线定位应答器校正
列车运行间隔	按固定闭塞运行,大于 L	设为对照值 L	L	L	小于 L
线路数据来源	储存于车载数据库	储存于车载数据库	应答器提供或者数字轨道电路提供	无线电通信提供	无线电通信提供

知识点 3 列控系统的闭塞与防护

列控系统的闭塞与防护主要是对闭塞分区及列车速度进行防护。列控系统闭塞技术有固定闭塞、移动闭塞(虚拟闭塞)、准移动闭塞(固定闭塞条件下的目标距离防护方式)。车载防护技术有分级防护、目标距离防护。

在中国高速铁路列控系统中采用的闭塞防护技术是:准移动闭塞、移动闭塞方式。

1. 准移动闭塞

准移动闭塞将线路划分为固定位置、某一长度的闭塞分区。一个闭塞分区只能被一列列车占用。列车间隔以闭塞分区为单位,而与列车在分区内的实际位置无关。在速度防护上采用目标距离控制模式,根据目标距离、目标速度及列车本身的性能,通过列车牵引计算确定列车制动速度曲线,采用一次制动方式。准移动闭塞示意图如图 3-3 所示。

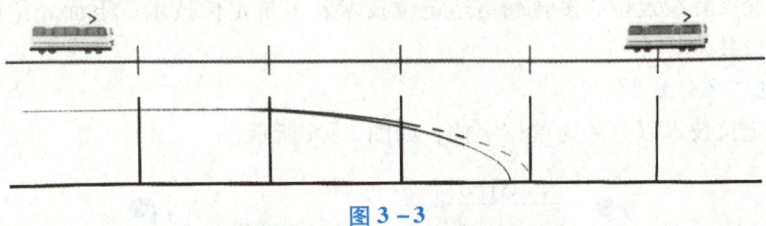

图 3-3

2. 移动闭塞

移动闭塞方式的线路上无固定划分的闭塞分区。列车间隔是动态的,随前行列车的移动而移动。后续列车以前行列车尾部为追踪的安全防护点。前后列车的最小间隔等于后行列车的制动距离+安全距离,其示意图如图 3-4 所示。

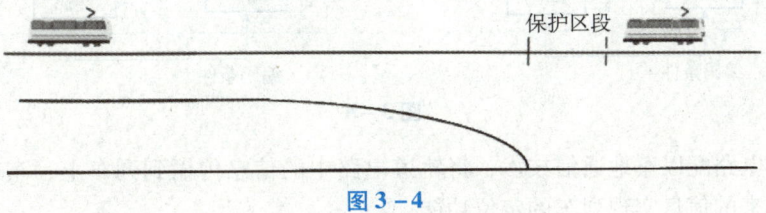

图 3-4

知识点 4 列控系统的关键技术

列控系统的关键技术包括列车定位技术、车地信息传输技术和安全计算机技术。列控系统关键技术示意图如图 3-5 所示。

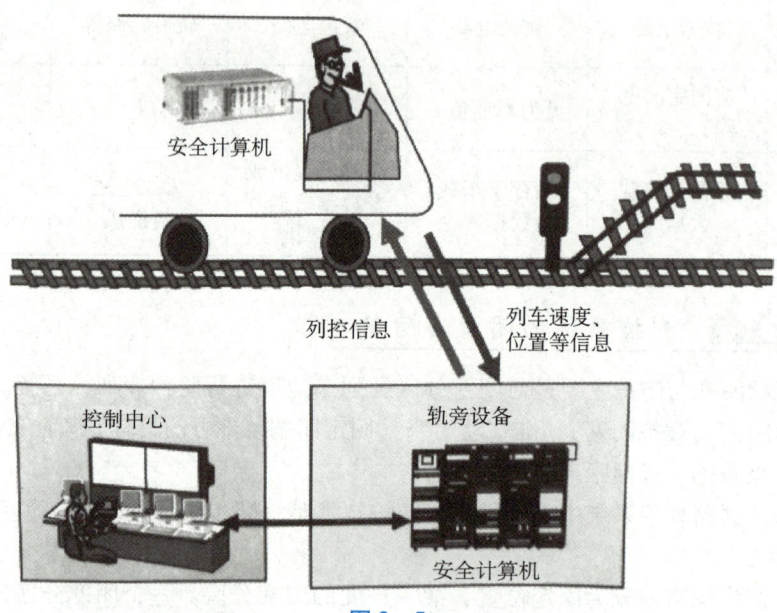

图 3-5

1. 列车定位技术

列车定位技术包括轨道电路定位技术、计轴定位技术、脉冲速度传感器定位技术、应答器定位技术、交叉环线定位、多普勒雷达定位技术及卫星定位技术。下面介绍中国高速铁路应用的列车定位技术。

1）轨道电路定位技术

轨道电路定位技术以分区为单位定位，如图 3-6 所示。

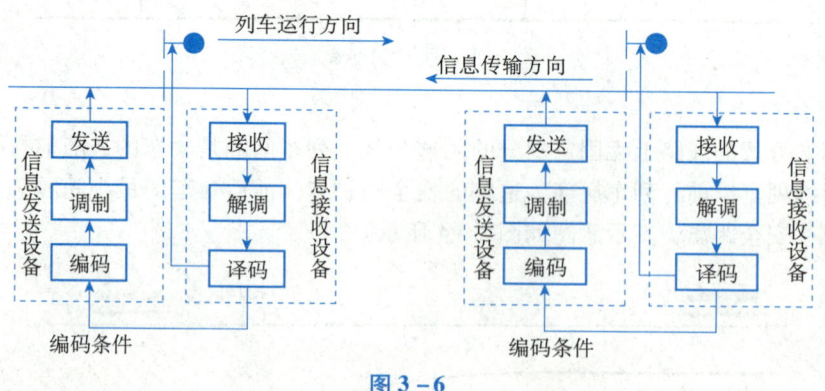

图 3-6

区间轨道电路配以车地通信技术，将轨道电路中的信息传输到列车上，车载设备可利用轨道电路送上来的信息实现列车的定位功能。

2）计轴定位技术

以分区或区段为单位定位。根据轮轴检测设备的信息产生轮轴数，比较计轴结果，得到区段占用/空闲状态，如图3-7所示。

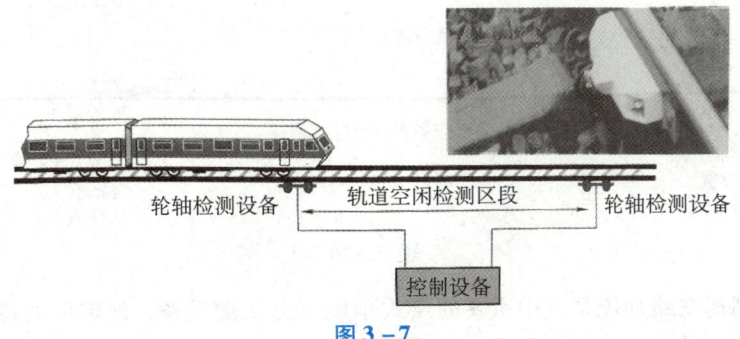

图3-7

采用计轴定位技术可将运行线路划分为闭塞分区，实现固定闭塞系统和自动站间闭塞系统，这是中国铁路实现闭塞系统的基本技术之一。

3）脉冲速度传感器定位技术

利用车轮的周长作为"尺子"测量列车走行距离。根据测量列车走行距离测算出列车运行速度并累计列车走行距离定位实景，如图3-8所示。此方法受到列车空转或打滑影响，低速时测量精度高。

图3-8

4）多普勒雷达定位技术

通过测量发射波和反射波之间的频差计算出列车的运行速度，并累计求出走行距离，如图3-9所示。此方法高速时测量精度高，并且不受列车空转打滑影响。

图3-9

5) 应答器定位技术

应答器提供定位基准，其定位技术示意图如图 3-10 所示。

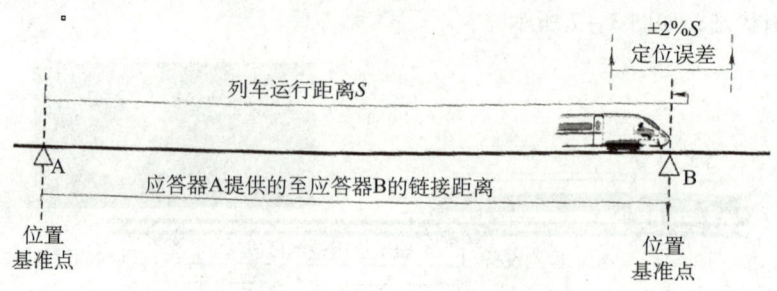

图 3-10

应答器是高速铁路列控系统中重要的点式车地信息传输设备，能够向列控车载设备传输定位信息、线路参数、轨道电路参数、信号类型、临时限速、进路及坡度等信息。

2. 车地信息传输技术

车地信息传输技术包括轨道电路传输技术、应答器传输技术、交叉环线传输技术、波导传输技术、无线传输技术等。下面介绍几种常用的高速铁路车地信息传输技术。

1) 轨道电路传输技术

特点：车地单向传输，在轨道电路上连续传输，信息量少。

模拟轨道电路：每次只能传输一种状态信息，如中国铁路 ZPW-2000。

数字编码轨道电路：几十位信息，如法国高铁 UM-2000。

轨道电路传输技术原理如图 3-11 所示。

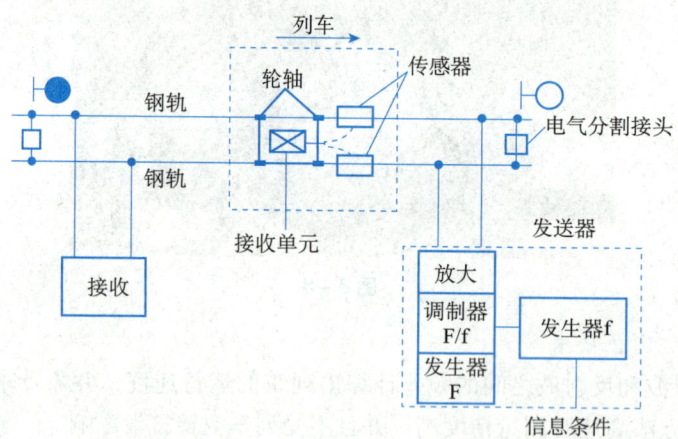

图 3-11

2) 应答器传输技术

特点：车地单向传输，只能在固定地点传输，信息量大。中国高速铁路采用的应答器一次可传输 1 023 b 信息。应答器实物如图 3-12 所示。

3) 无线传输技术

特点：车地双向传输（如 GSM-R），连续传输，信息量大。

无线传输技术原理如图 3-13 所示。

图 3–12

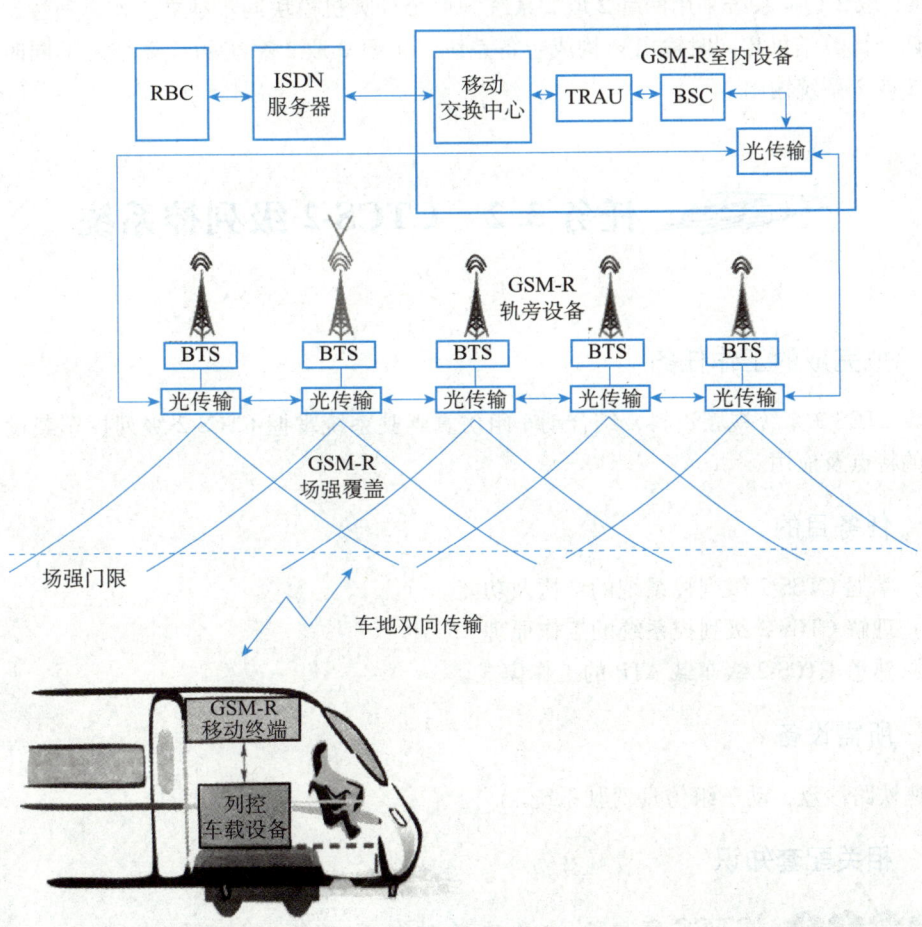

图 3–13

3. 安全计算机技术

列控系统的地面设备、车载设备均基于安全计算机。安全计算机的安全完善等级（SIL）为 4。系统的功能由软硬件共同完成。目前，主流的计算机平台有 3 取 2 表决系统和 2 乘 2 取 2 切换系统，其系统结构如图 3–14 所示。

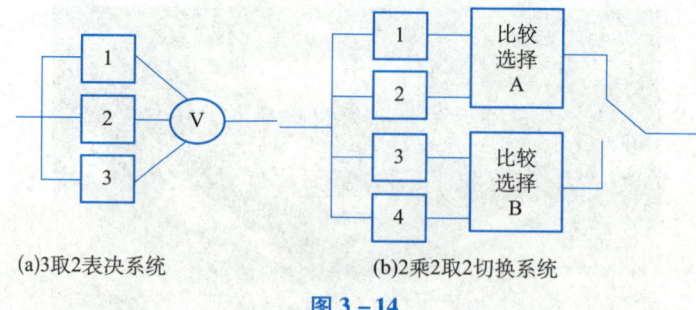

(a)3取2表决系统　　　　(b)2乘2取2切换系统

图 3－14

3 取 2 表决系统有三个计算机模块分别同步但是独立工作。三个计算结果通过表决器多数表决再输出，当一个计算机模块故障时，不影响系统安全。

2 乘 2 取 2 切换系统采用两套 2 取 2 系统（两个计算机模块同步独立工作，通过比较器表决，当两个计算结果相同时输出）构成主备系统，主要 2 取 2 系统的计算结果不同时，切换到备用 2 取 2 系统输出。

任务 3.2　CTCS-2 级列控系统

3.2.1　拟完成的工作任务

观看 CTCS-2 系统视频资料，结合动车组仿真驾驶系统掌握 CTCS-2 级列控车载设备各工作模式的特点及应用。

3.2.2　任务目的

（1）掌握 CTCS-2 级列控系统的结构及功能。
（2）理解 CTCS-2 级列控系统的工作原理。
（3）熟悉 CTCS-2 级车载 ATP 的工作模式。

3.2.3　所需设备

高速铁路沙盘、动车组仿真驾驶系统。

3.2.4　相关配套知识

 CTCS-2 级列控系统的结构及功能

1. CTCS-2 级列控系统的结构

CTCS-2 级列控系统是基于轨道电路和应答器传输行车许可信息并采用目标距离连续速度控制模式监控列车安全运行的列控系统，CTCS-2 级列控系统的结构如图 3－15 所示。

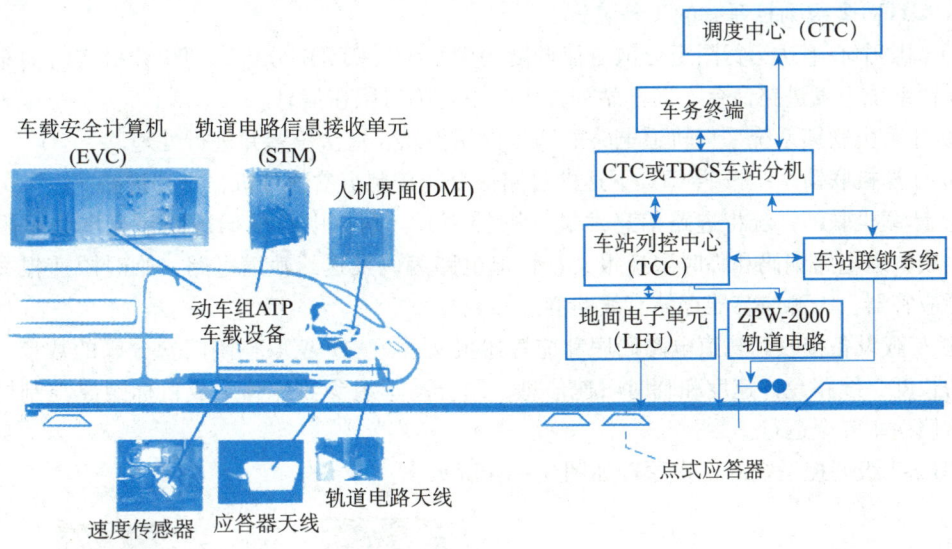

图 3-15

CTCS-2 级列控系统分地面设备和车载设备两部分，地面设备又分轨旁设备和室内设备两部分。

1）地面设备

地面设备由车站列控中心（TCC）、地面电子单元（LEU）、点式应答器、ZPW-2000A（UM）系列轨道电路、车站闭环电码化、车站联锁系统等组成。

其中，轨道电路、车站闭环电码化传输连续列控信息；点式应答器、车站列控中心传输点式列控信息。

2）车载设备

200 km/h 动车组的车载列控系统，同时装备 ATP 车载设备和列车运行监控记录装置（LKJ-2000）。ATP 由车载安全计算机、轨道电路信息接收单元（STM）、应答器信息接收单元（BTM）、制动接口单元、记录单元、人机界面（DMI）、速度传感器、BTM 天线、STM 天线等组成。

车载设备根据地面设备提供的信号动态信息、线路静态参数、临时限速信息及有关动车组数据，生成控制速度和目标距离模式曲线，控制列车运行。同时，记录单元对列控系统有关数据及操作状态信息进行实时动态记录。

2. CTCS-2 级各模块的功能

① 轨道电路功能：实现列车占用检查，提供列车运行前方空闲闭塞分区数量。

② 应答器功能：有源应答器提供临时限速和进路信息；无源应答器提供线路允许速度和闭塞分区长度等信息。

③ 车载设备功能：综合轨道电路、应答器信息和动车组参数，自动生成连续速度控制模式曲线，实时监控列车运行安全。

知识点 2　CTCS-2 级列控系统的工作原理

CTCS-2 级列控系统是面向高速铁路、提速干线，基于轨道电路和点式设备传输信息的列车运行控制系统。它适用于各种限制区段，机车乘务员凭车载信号行车。

1. CTCS-2 级列控系统的工作流程

① 调度中心下达运行图至分散自律调度集中系统（CTC）分机，CTC 分机实时向车站计算机联锁系统下发进路命令、向车站列控中心下达临时限速信息。

② 计算机联锁系统采集轨道电路的列车占用信息、道岔位置并进行处理。

③ 计算机联锁系统按照 CTC 下达的进路命令，控制道岔信号机，排列进路。

④ 计算机联锁系统将进路信息发送给列控中心。列控中心根据进路信息和临时限速信息，生成轨道电路编码和临时限速报文。轨道电路编码发送给轨道电路，临时限速报文发送给有源应答器，无源应答器存储有线路静态参数。

⑤ 车载设备接收到轨道电路码序和应答器报文后，ATP 获取空闲闭塞分区的数量、闭塞分区的长度、线路允许速度和临时限速信息，结合动车组参数计算生成目标距离控制模式曲线，监控列车安全运行。

CTCS-2 级列控系统的工作原理如图 3－16 所示。

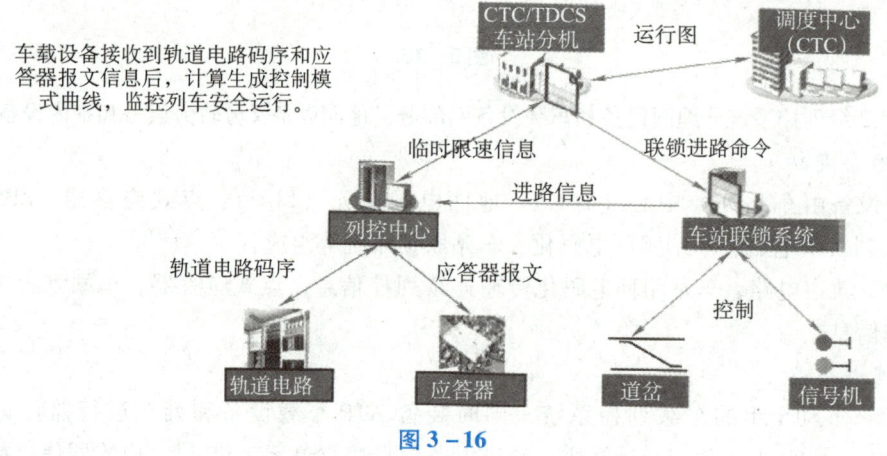

图 3－16

2. 列车行车许可

在 CTCS-2 级列控系统中，行车许可是列车在线路上允许运行的凭证，列车只能在行车许可范围内运行。轨道电路以码序形式向车载 ATP 提供列车运行前方空闲闭塞分区数量，应答器向车载 ATP 提供闭塞分区长度和线路允许速度，ATP 根据上述数据综合计算出列车的行车许可。CTCS-2 级的行车许可如图 3－17 所示。

码序	L5	L4	L3	L2	L	LU	U	HU
空闲分区数量	7	6	5	4	3	2	1	0

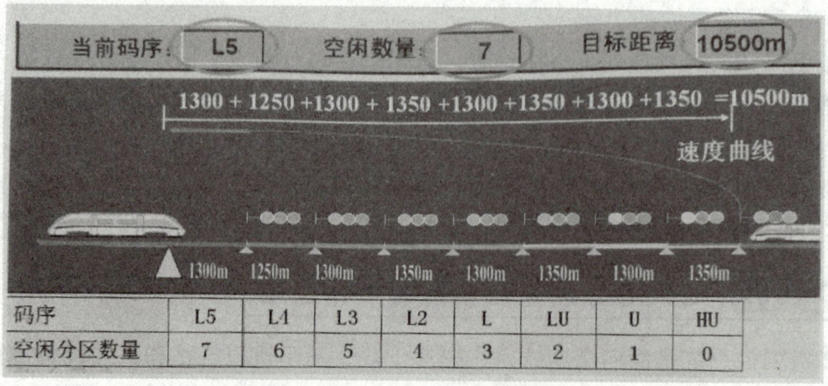

图 3－17

知识点 3 CTCS-2 级列控系统的级间转换

装备 CTCS-2 级列控车载设备的动车组应装设 LKJ 设备。列车跨线运行时，列控系统需要切换到不同的 CTCS 等级，称为 CTCS 级间转换。

CTCS 级间转换原则上在区间自动完成，中途不需要停车，并给司机提供相应的声光警示，由司机按压确认按钮解除警示。自动转换失效时，司机根据 ATP 车载设备或 LKJ 的相应警示信息，手动进行切换。为此，在 CTCS-2 级和 CTCS-0/1 级区段边界增设特殊用途的 CTCS 级间切换应答器。级间切换点设置三个无源应答器，分别是正向预告点应答器、切换执行点应答器和反向预告点应答器，预告点和执行点之间的间距一般为 240 m。当列车通过预告点应答器时，列控 ATP 接收到级间切换预告信息，并给司机提示，当列车越过切换执行点应答器时向列控 ATP 提供完整的级间切换信息，自动实现级间转换。

为保证控车权可靠、平稳交接，控车权的交接以车载 ATP 为主。在级间转换时，若列车已触发制动，则需保持制动作用完成，直到停车或列车发出缓解指令后，司机才可手动转换。

CTCS-2 级与 CTCS-0/1 级之间转换示意图如图 3-18 所示。

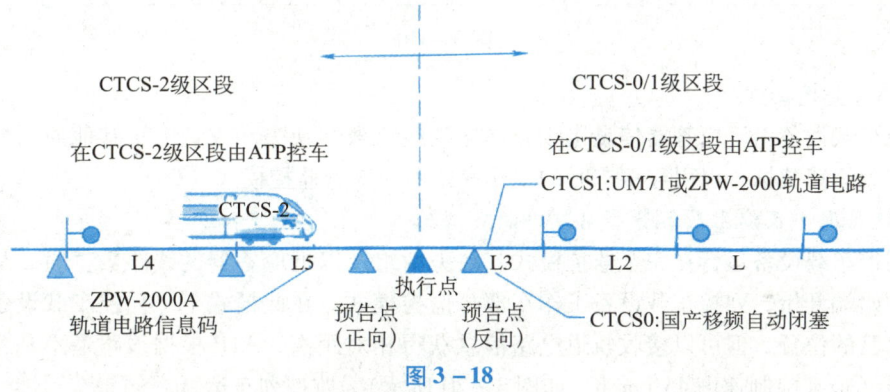

图 3-18

当列车从 CTCS-2 级区段进入 CTCS-0/1 级区段时，ATP 完成级间转换后，列车将在 LKJ 车载设备监控下运行。

当列车从 CTCS-0/1 级区段进入 CTCS-2 级区段时，ATP 完成级间转换后，列车将在 ATP 车载设备监控下运行。

知识点 4 CTCS-2 级列控系统车载 ATP 的工作模式

列控车载设备有两种工作状态：CTCS-2 级工作状态和机车信号工作状态。在 CTCS-2 级工作状态下，列控车载设备具有 6 种工作模式：待机模式、完全监控模式、部分监控模式、目视行车模式、调车模式、隔离模式。在 LKJ 控车时，列控车载设备工作在机车信号模式状态下。

列控车载设备的制动控制方式有两种：设备优先制动方式（机控优先）和司机优先制动方式（人控优先）。

1. 待机模式

待机模式（stand-by mode，SB）是 ATP 接通电源后的默认模式。列控车载设备自检和初始化后，自动转入待机模式。在此模式下，ATP 正常接收轨道电路信息及应答器信息，但不进行速度比较等控制，同时能自动启动防溜逸控制功能。

2. 完全监控模式

完全监控模式（full supervision mode，FS）是 CTCS-2 级中最普通的模式，当车载 ATP 具备控车所需的轨道电路信息、应答器信息、列车数据等基本数据时，ATP 可转入完全监控模式，它是列车在区间（含车站正线通过和侧进直出）和车站接车作业时的正常运行模式。在此模式下，由 ATP 生成目标距离模式的控车曲线（如图 3-19 所示），通过人机界面（DMI）显示列车运行速度、允许速度、目标速度和目标距离等信息，控制列车安全运行。

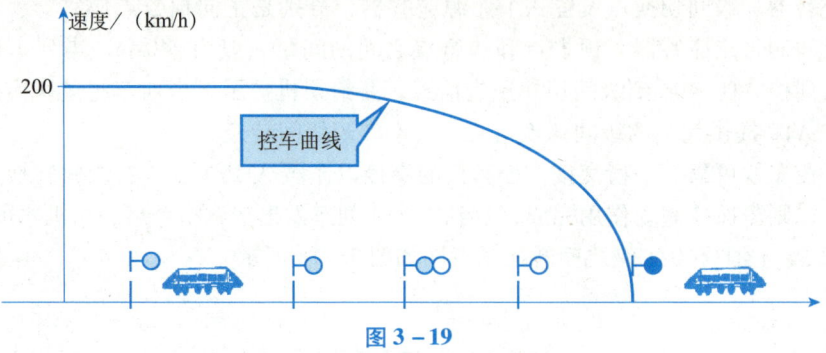

图 3-19

3. 部分监控模式

列控车载设备由于应答器信息接收异常导致线路数据缺失，或者由于其他原因导致列控车载设备无线路数据，以引导接车时的工作模式称作部分监控模式（PS）。

1）连续两个及以上应答器线路数据缺失工况

当列控车载设备运行在完全监控模式、缺失两组及以上应答器的线路数据时，从已知线路数据的始端开始，列控车载设备工作在部分监控模式。在此模式下，列控车载设备无法详细确定自己的位置，但可以接收轨道电路信息获得相对距离，ATP 根据线路最不利条件产生控车曲线（最高限制速度 45 km/h，如图 3-20 所示），监控列车运行。

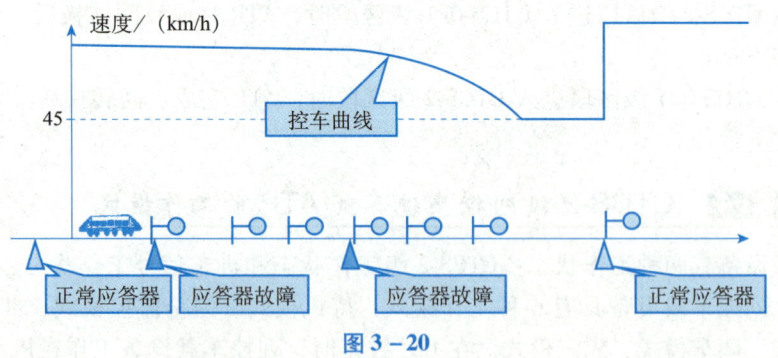

图 3-20

2）侧线发车工况

在待机模式下，司机按下启动键，列控车载 ATP 根据侧线发车股道轨道电路信息和道岔侧向限速要求，形成并保持固定限制速度（45 km/h 或 80 km/h）至出站口，控制列车运行，如图 3-21 所示。

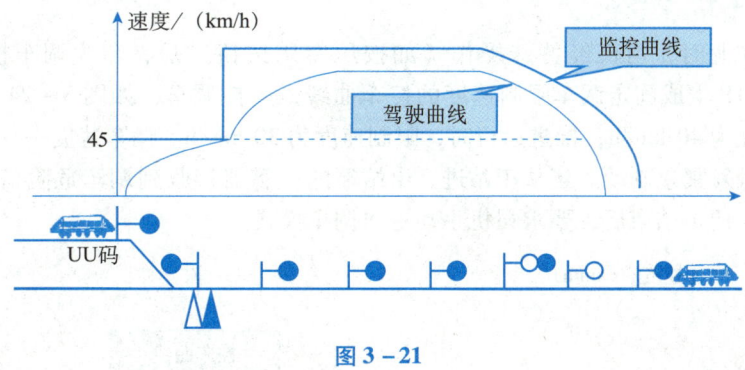

图 3-21

3) 引导接车工况

车站开通引导接车进路，ATP 从轨道电路接收 HB 码，越过进站信号机后，自动转入部分监控模式生成固定限速（20 km/h）的模式曲线，如图 3-22 所示。在此模式下，司机必须在每 60 s 之内或运行 200 m 以前按压警惕按钮，否则 ATP 将触动紧急制动。

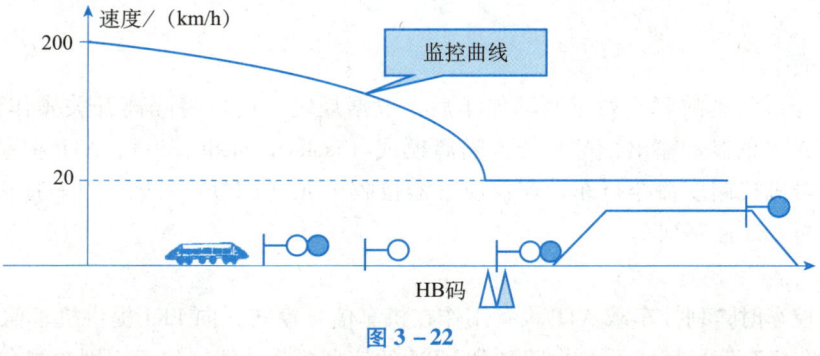

图 3-22

4. 目视行车模式

当 ATP 接收到禁止信号或无信号时，列车停车。停车后，根据行车管理办法（含调度命令），司机经特殊操作（如按压专用按钮），ATP 生成固定限制速度位（20 km/h）控车曲线控制列车运行（如图 3-23 所示），此行车模式为目视行车模式（on sight mode, OS）。在目视行车模式下，司机必须在每 60 s 内或运行 200 m 以前按压警惕按钮，否则 ATP 将触动紧急制动。

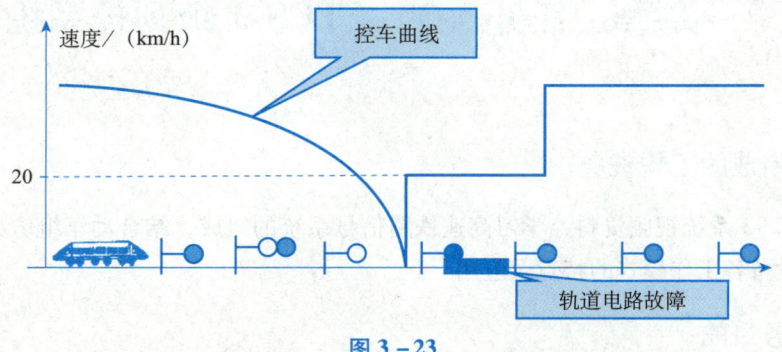

图 3-23

5. 调车模式

进行调车作业时，司机经特殊操作（如按压专用按钮）后，转为调车模式（shunting mode，SH），ATP 生成固定调车限制速度的控车曲线，监控调车，如图 3-24 所示。牵引运行时，限制速度为 40 km/h；推进运行时，限制速度为 30 km/h。调车速度一旦超过相应限制速度，ATP 将触发紧急制动。当从车站进、出站端的应答器接收到调车危险信息时，ATP 将触发紧急制动。调车结束后，要求司机手动退出调车模式。

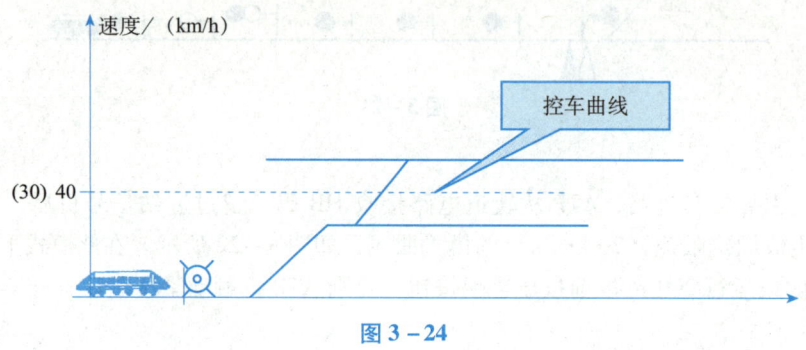

图 3-24

6. 隔离模式

当 ATP 车载设备故障，列车制动停车后，根据规定，司机将隔离开关操作到隔离位置时，会隔离 ATP 的制动输出，ATP 转入隔离模式（isolated mode，IS），ATP 控制功能停用，在该模式下司机按调度命令行车。若仅应答器接收单元（BTM）失效，ATP 提供机车信号，可人工转换为 LKJ 控制列车。

7. 机车信号模式

在 LKJ 控车时，列车车载 ATP 设备工作在机车信号模式，向 LKJ 提供机车信号信息，不输出制动。在机车信号模式下，若 STM 和 BTM 的信息接收功能、位置识别功能有效，接收到相应信息后，列控设备能够转换到 CTCS-2 级工作状态。

各个供货商在提供列控 ATP 时，工作模式的划分上更为细致并有不同称谓。有的车载 ATP 具有 9 种或 10 种工作模式，如将部分监控模式分为应答器故障模式、侧线发车模式和引导接车模式，此外还有反向运行模式、机车信号模式等。

任务 3.3　CTCS-3 级列控系统

3.3.1　拟完成的工作任务

观看 CTCS-3 系统视频资料，学习高速铁路信号系统的组成，结合动车组仿真驾驶系统掌握列控车载设备各工作模式的特点及应用。

3.3.2　任务目的

（1）掌握高速铁路信号系统的组成及特点。

（2）掌握 CTCS-3 级列控系统车载设备的基本功能。
（3）掌握 CTCS-3 级列控系统地面设备的基本功能。

3.3.3 所需设备

高速铁路教学沙盘、应答器实物、动车组仿真驾驶系统。

3.3.4 相关配套知识

知识点 1　CTCS-3 级列控系统的结构及功能

1. CTCS-3 级列控系统的结构

CTCS-3 级列控系统是基于 GSM-R 无线通信实现车地信息双向传输，轨道电路实现列车占用检查，应答器实现列车定位，无线闭塞中心（RBC）生成行车许可，并将行车许可、临时限速及线路描述信息等，通过连续的无线通信传送给车载设备，并具备 CTCS-2 级功能的列车运行控制系统。

CTCS-3 级列控系统分为地面设备和车载设备两个部分，其系统结构如图 3-25 所示。

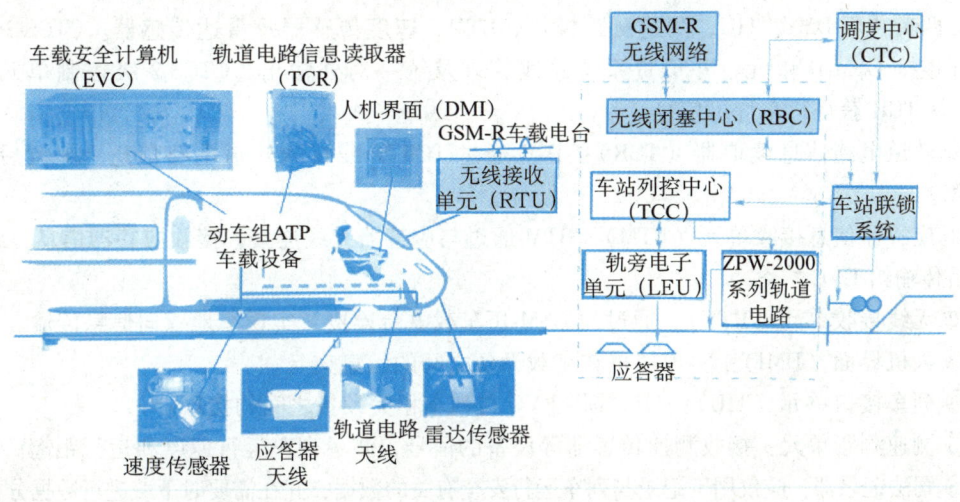

图 3-25

地面设备包括车站列控中心（TCC）、临时限速服务器、ZPW-2000 系列轨道电路、轨旁电子单元（LEU）、应答器、无线闭塞中心（RBC）、GSM-R 接口设备等。

车载设备包括车载安全计算机（EVC）、轨道电路信息读取器（TCR）、应答器信息接收单元（BTM）、列车接口单元（TIU）、司法记录器（JRU）、人机界面（DMI）、GSM-R 无线通信单元（RTU）和测速测距单元等部件。

2. CTCS-3 级列控系统各部分的功能

① 无线闭塞中心（RBC）：根据轨道电路、联锁进路等信息生成行车许可；通过 GSM-R 无线通信系统将行车许可、线路参数、临时限速传输给一列车载设备；通过 GSM-R 无线通信设备接受车载设备发送的列车位置和列车数据等信息。

② GSM-R 无线网络：用以实现车载设备与地面设备之间连续、双向、大容量信息传输。

③ 轨道电路：实现列车占用检查，发送闭塞分区空闲信息，满足后备系统的需要。

④ 轨旁电子单元（LEU）：根据地面设备提供的信息来生成应答器所要传输报文。

⑤ 应答器：向 CTCS-3 级控制单元传输定位、级间转换和 RBC 切换、建立无线通信等信息；同时向 CTCS-2 级控制单元传送线路数据、线路允许速度、临时限速、过分相等信息。应答器报文信息格式采用中国铁路总公司统一的技术标准，应答器设置满足 CTCS-3 系统、兼容 CTCS-2 系统的要求。

⑥ 车站列控中心（TCC）：实现轨道电路编码功能，并向 RBC 传送列车占用信息；能通过轨旁电子单元（LEU）及有源应答器向 CTCS-3 级后备系统（CTCS-2 级）传送临时限速信息和进路信息。RBC 可以集中设置，也可以分散设置。

⑦ 临时限速服务器：集中管理列控系统的临时限速命令，分别向 RBC、TCC 传递临时限速信息，并将 TCC 和 RBC 的执行结果反馈给 CTC。

⑧ ATP 车载设备：根据地面设备提供的行车许可、线路参数、临时限速等信息和列车参数，按照目标距离连续速度控制模式生成动态速度曲线，监控列车的运行安全。

⑨ 车载安全计算机（EVC）：根据与地面设备交换的信息来监控列车安全运行。EVC 包括 CTCS-3 级和 CTCS-2 级两个控制单元，两者独立设置，同时运行。CTCS-3 级控制单元负责在 CTCS-3 级线路正常运行时的核心控制功能，CTCS-2 级控制单元负责后备系统的核心控制功能。两者共用 DMI、TIU、测速测距模块、BTM、速度传感器及雷达传感器。CTCS-3 级控制单元连接 GSM-R 单元，并负责系统总线管理及统一对外输出。CTCS-2 级控制单元连接 TCR，从 TCR 获得行车许可信息。

⑩ 轨道电路信息读取器（TCR）：TCR 通过 TCR 天线接收轨道电路信息，解调后发送给 EVC。

⑪ 应答器信息接收单元（BTM）：BTM 通过与应答器天线连接，接收应答器信息，解调、校核后传输给 EVC。

⑫ 无线接收单元（RTU）：通过与 GSM-R 车载电台连接，实现车地双向信息传输。

⑬ 人机界面（DMI）：实现司机与车载设备之间的信息交互。

⑭ 列车接口单元（TIU）：TIU 提供 EVC 与列车相关设备之间的接口。

⑮ 测速测距单元：接收测速传感器等设备的信号，测量列车运行速度和运行距离。

⑯ 司法记录器：应仅用于记录与列车运行安全有关的数据，并在需要时下载进行数据分析。

3. CTCS-3 级与 CTCS-2 级的比较

CTCS-3 级与 CTCS-2 级列控系统有相同之处，也有不同之处，具体比较见表 3-2 及表 3-3。

表 3-2 CTCS-3 级与 CTCS-2 级列控系统的相同点

比较项目	相同点
运行方式	正线双向运行，正向按准移动闭塞追踪运行，反向按自动站间闭塞运行
监控列车方式	以目标距离连续速度控制模式、设备制动优先的方式监控列车安全运行
配套系统	CTC、车站联锁、信号集中监测
车载设备	除 CTCS-3 级还配有 GSM-R 车载电台、RTU 外，其他设备都相同
列车定位	车载设备依据地面应答器收到的信息，并以此为基点通过测速设备测量列车运行距离，以此来获得列车位置
轨道电路	均由轨道电路实现列车占用检查

表 3-3　CTCS-3 级与 CTCS-2 级列控系统的不同点

比较项目	CTCS-3 级	CTCS-2 级
适用范围	300 km/h 以上铁路应采用，250 km/h 铁路宜采用	250 km/h 以下铁路采用
车地信息通道	连续、双向、大容量 GSM-R 及部分应答器	轨道电路及应答器
地面主要控制设备	RBC	TCC
备用系统	CTCS-2 级	LKJ
临时限速服务器	必须设	可由 CTC 完成
临时限速	通过 GSM-R 传给车载设备	由应答器传给车载设备
区间地面信号机	不设，只设停车标志	设，常态灭灯
车站地面信号机	设，常态灭灯；或不设，只设停车标志	设，常态点灯
发送分相区信息	RBC	应答器
工作模式	9 种	7 种

知识点 2　CTCS-3 级列控系统的工作原理

在 CTCS-3 级列控系统中，无线通信系统（GSM-R）完成车地双向通信，获知其管辖区域内的列车运行情况，从而得到轨道占用情况，并结合运行时刻表、线路数据等信息生成列车的移动授权，再由无线通信网络告知列车。列车通过移动授权获得目标速度、目标距离、线路数据，结合自身制动性能产生一次制动曲线，监控列车运行。其工作原理如图 3-26 所示。

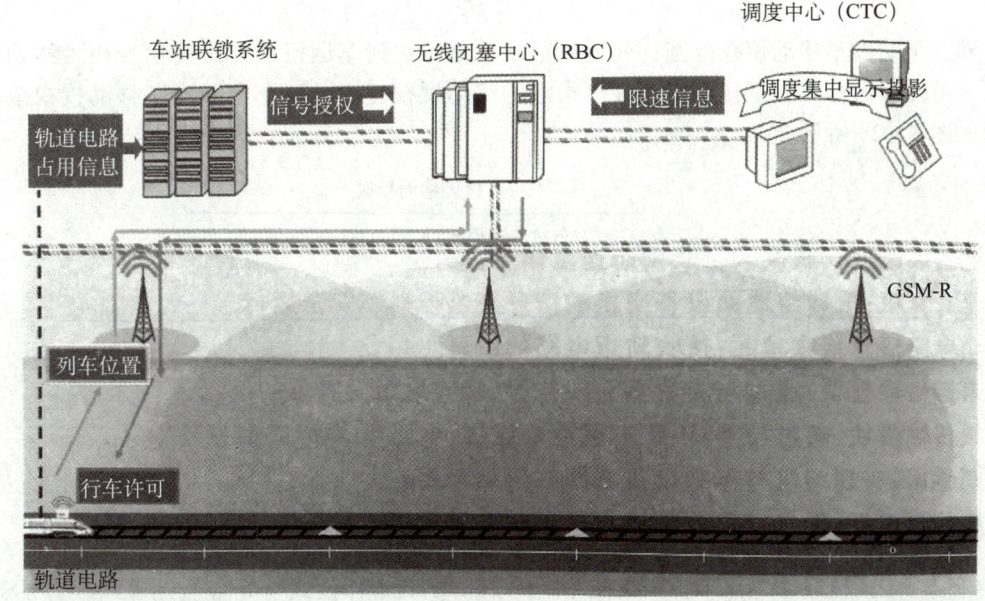

图 3-26

1. CTCS-3 级列控系统主要特点

① 基于 GSM-R 实现大容量的连续信息传输，可以提供最远 32 km 的目标距离、内线路允许速度等信息。

② CTCS-3 级列控系统满足跨线运行的运营需求。

③ CTCS-3 级列控系统通过应答器里的 C2 报文，满足 200~250 km/h 级行车要求，同时把 CTCS-2 级作为后备系统。

④ 车地双向信息传输，地面可以实时掌握列车速度、位置和工作状态等信息，并可在 CTC 系统上实时显示。

⑤ 临时限速灵活设置，可以实现任意地点、长度和数量的临时限速设置。

⑥ RBC 可以集中设置，也可以分散设置。

⑦ RBC 向装备 CTCS-3 级车载设备的列车、应答器向装备 CTCS-2 级车载设备的列车分别发送分相区信息，实现自动过分相。

2. CTCS-3 级列控系统的列车行车许可

在 CTCS-3 级列控系统中，移动授权是列车在线路上允许运行的凭证，列车只能在移动授权范围内运行。RBC 根据所辖区域列车占用闭塞分区的情况计算列车的移动授权，通过 GSM-R 无线网络发送给车载设备。

列车区间运行移动授权范围：区间列车尾部所占闭塞分区起点处为向列车移动授权的起点，沿列车运行方向授权至行车许可指定的移动授权终点。区间列车移动授权示意图如图 3-27 所示。

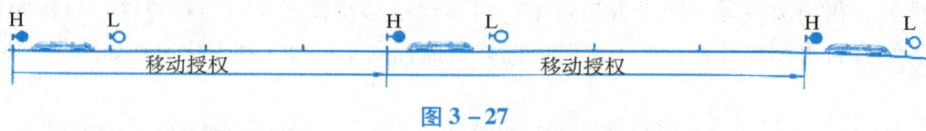

图 3-27

列车车站发车移动授权范围：列车在车站发车时，列车运行前方出站信号机为移动授权起点，沿列车运行方向授权至行车许可指定的移动授权终点。列车车站发车移动授权范围示意图如图 3-28 所示。

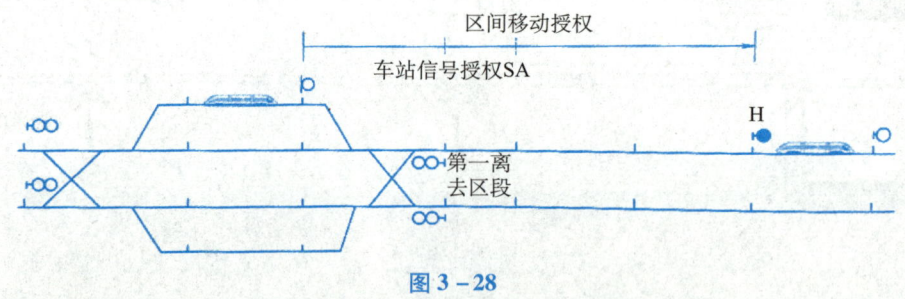

图 3-28

知识点 3 CTCS-3 级列控系统车载 ATP 的工作模式

CTCS-3 级列控系统按 CTCS-3 级控车时的车载 ATP 工作模式有完全监控模式、引导模式、目视行车模式、调车模式、休眠模式、隔离模式、待机模式、部分监控模式和机车信号模式等 9 种，其中后两种仅适用于 CTCS-2 级。

1. 完全监控模式

当车载设备具备列控所需的列车数据、行车许可和线路数据等全部基本数据时，车载 ATP 设备自动进入完全监控模式（FS）。在该模式下，列控车载设备根据控车数据自动生成目标距离连续速度控制模式曲线，并通过人机界面（DMI）显示列车运行速度、允许速度、目标速度和目标距离等信息，监控列车安全运行。完全监控模式的目标距离连续速度控制模式曲线如图3-29所示。

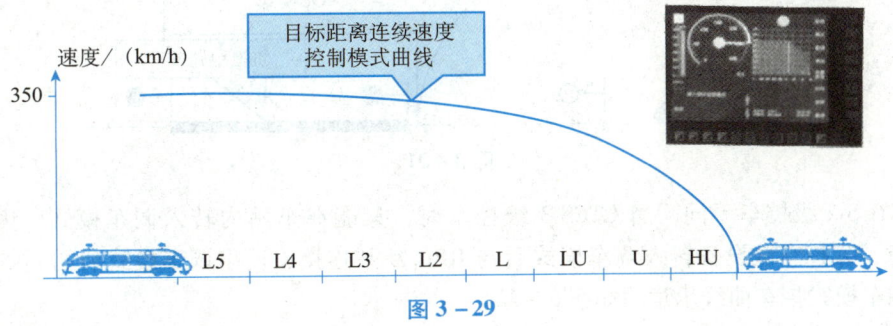

图3-29

完全监控模式是列车的正常运行模式。运行速度250 km/h及以下时，完全监控模式下CTCS-2/3级列控车载设备按高于线路允许速度2 km/h报警、5 km/h常用制动、10 km/h紧急制动设置模式曲线；运行速度250 km/h以上时，完全监控模式下CTCS-3级列控车载设备（含CTCS-2级后备功能）按高于线路允许速度2 km/h报警、5 km/h常用制动、15 km/h紧急制动设置模式曲线。

2. 引导模式

在开放引导信号时，车载ATP设备进入引导模式（CO）。在引导模式下，列控车载设备自动生成目标距离连续速度控制模式曲线，并通过人机界面显示列车运行速度、允许速度、目标速度和目标距离等，车载设备按固定限制速度40 km/h监控列车运行，司机负责在列车运行时检查轨道占用情况。引导模式控车曲线示意图如图3-30所示。

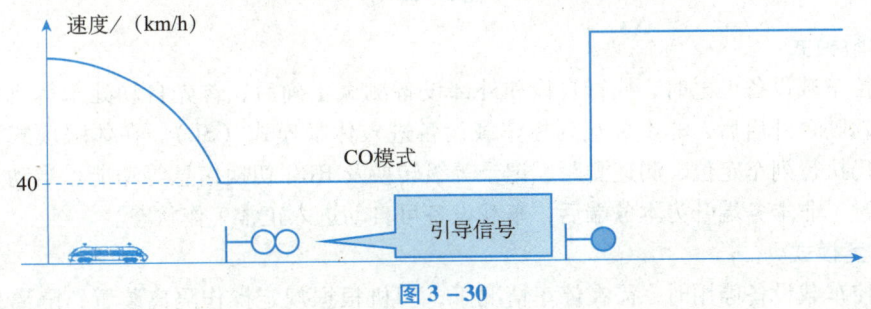

图3-30

3. 目视行车模式

当地面设备故障、列控车载设备显示停车信号且列车停车后需继续运行时，在停车状态下司机按规定操作转入目视行车模式（OS）。在目视行车模式下，列控车载设备按固定限制速度40 km/h监控列车运行，列车每运行一定距离（300 m）或一定时间（60 s）司机需确认一次。目视行车模式控车曲线示意图如图3-31所示。

4. 调车模式

进行调车作业时，司机按压专用调车按钮使列控车载设备转入调车模式（SH）。SH模式是动车组进行调车作业的固定限速模式，限速值为40 km/h（或30 km/h），用于监控车列前进或折返运行。只有在列车停车时，司机才可以选择进入或退出调车模式。

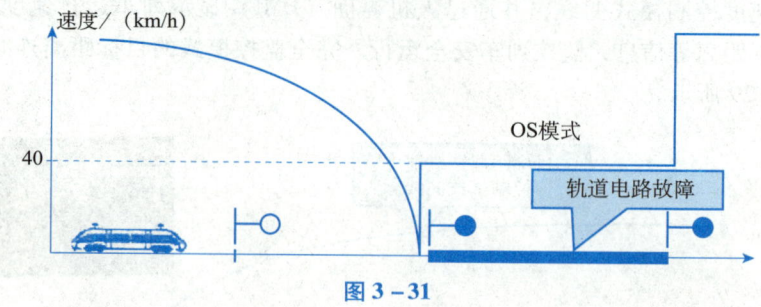

图 3-31

与 CTCS-2 级控车不同,当 CTCS-3 级控车时,只能在车站内转入调车模式,因为需经 RBC 同意,列控车载设备转入调车模式后与 RBC 断开连接,退出调车模式后再重新与 RBC 连接。调车模式控车曲线示意图如图 3-32。

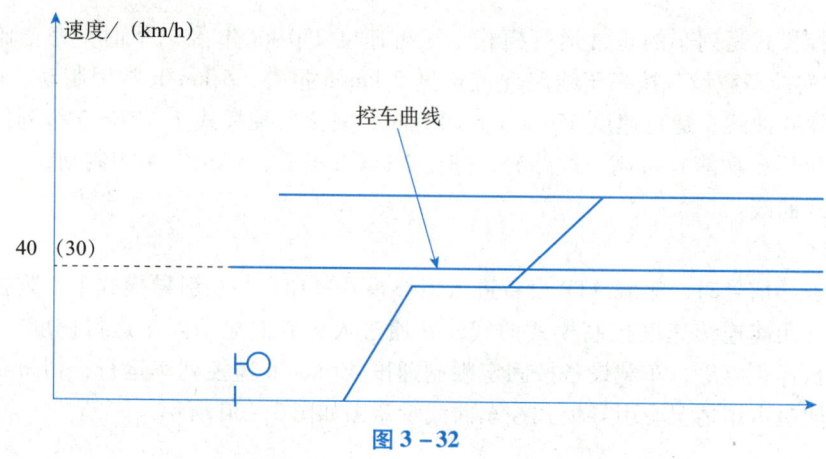

图 3-32

5. 休眠模式

当列控车载设备上电时,执行自检和外部设备测试正确后,首先自动处于待机模式,当本务端的驾驶台开启后,非本务端列控车载设备进入休眠模式(SL)。在休眠模式下,列控车载设备仍执行列车定位、测速测距、记录等级转换及 RBC 切换信息等功能。当动车组列车立即折返时,非本务端升为本务端后,车载设备可自动进入正常工作状态。

6. 隔离模式

当列控车载设备停用时,需在停车情况下,司机根据规定操作隔离装置,隔离列控车载设备的制动功能,列控车载设备进入隔离模式(IS)。在隔离模式下,车载设备不具备安全监控功能。列控车载设备应能够监测隔离开关状态。隔离模式时车载 ATP 无控车曲线,如图 3-33 所示。

7. 待机模式

当列控车载设备上电后,执行自检和外部设备测试后,自动处于待机模式(SB)。在待机模式下,车载设备禁止列车移动。当司机开启驾驶台后,列控车载设备中的 DMI 投入正常工作。

8. 部分监控模式

部分监控模式(PS)仅用于 CTCS-2 级控车。在 CTCS-2 级控车时,当 ATP 接收到轨道电路运行行车信息,而缺少应答器提供的线路数据时,车载 ATP 转入部分监控模式。在部分监

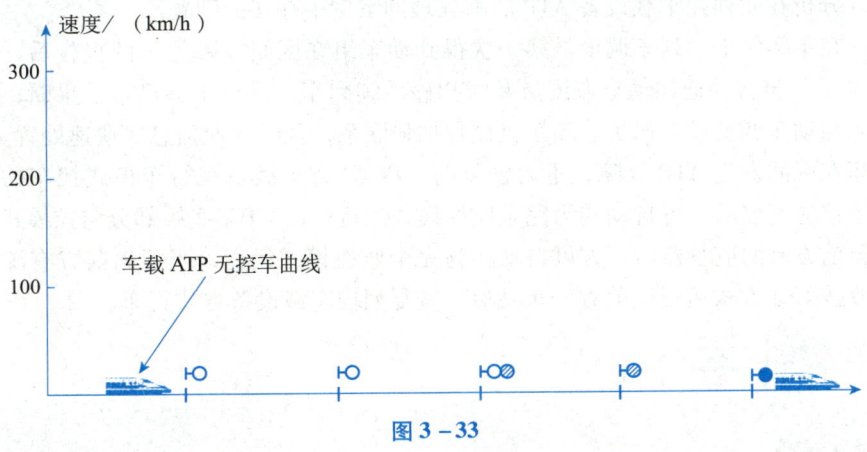

图 3-33

控模式下，车载 ATP 产生一定范围内的固定限制速度 45 km/h，监控列车运行。

9. 机车信号模式

机车信号模式（CS）仅用于 CTCS-2 级控车。当列车运行到地面设备未装备 CTCS-2/3 级列控设备的区段时，根据行车管理办法（含调度命令），经司机操作后，列控车载设备进入机车信号模式，按最高限制速度 80 km/h 监控列车运行，并显示机车信号。当列车越过禁止信号时触发紧急制动。在机车信号模式下，司机负责以地面信号显示为行车凭证驾驶列车运行，并根据地面情况进行处理。

除在调车、休眠、隔离模式外，司机在停车后按压"机信"键，均能转入机车信号模式。

实训 3

1. 调查报告

在模拟驾驶室中进行模拟练习，熟悉列车运行控制系统不同应用等级间的差别，通过查阅列车运行控制系统发展先进成果，撰写以"列车运行控制系统在高速铁路上的应用"为主题的专题报告，分组进行演讲。

2. 案例分析

案例描述：2011 年 10 月 22 日 18：03，某高速铁路（CTCS-3 级，300~350 km/h 区段）G6601 次（CRH380AL 型动车组）司机报告，运行至甲站至乙站间下行线 K7+700 处因 ATP 输出冒进模式停车，缓解后以 C3 目视模式开车，通过 1 号中继站后，仍不能进入完全监控模式。

18：13，再次停于甲站至乙站间下行线 K12+100 处。列车调度员立即通知后续 G201 次重点列车立即停车，并注意分相位置，同时将甲站后续 D351 次发车进路修改为非自触。

18：17，G6601 次经 ATP 换系重启后继续运行，18：21 运行至 K14+500 处恢复完全监控模式，司机汇报可以正常运行。

18：19，列车调度员通知重点列车 G201 次开车，按目视行车模式运行，注意掌握运行速度。

18：21，列车调度员指示 G201 次可按 ATP 显示正常运行。G201 次实际于 18：21 开车，经全力组织，局界口交晚 7 min。

事后分析，G6601 次司机在第一次停车后，以目视模式开车时，忘记按压"确认"键，是造成无法转入完全监控模式的原因，定为担当机务段一般 D 类事故。

要求：分析在此列控车载设备 ATP 故障处理的案例中存在的问题。

提示：在本案例中，列车调度员第一次得到动车组在区间故障停车的报告后，未向值班主任（副主任）报告并通知动车调度员及时扣停后续列车，反应不够迅速、果断；故障处置过程中，未与动车调度员、司机、随车机械师加强联系，及时沟通信息、快速处置。

遇列车在区间发生 ATP 故障，重启恢复时，以 CTCS-3 级目视行车模式控车的列车，运行至前方定位应答器后，可自动转为完全监控模式运行；以 CTCS-2 级部分监控模式控车的列车，运行至前方有源应答器后，方可自动转为完全监控模式运行，当距离前方有源应答器较远时，可改按 LKJ 方式运行至前方停车站后，恢复列控车载设备方式行车。

【项目考核】

1. 理论考核

通过完成以下题目，获得理论考核成绩（见表 3-4），满分 60 分。

（1）简述 CTCS 列控系统的应用等级及其适用范围。
（2）CTCS-2 级列控系统的基本功能有哪些？
（3）CTCS-2 级列控系统车载 ATP 的工作模式有哪些？
（4）CTCS-3 级列控系统的基本功能有哪些？
（5）CTCS-3 级列控系统车载 ATP 的工作模式有哪些？

表 3-4　理论考核成绩

题号	总分	得分	亮点
（1）	10 分		
（2）	10 分		
（3）	15 分		
（4）	10 分		
（5）	15 分		
总分：		教师签名：	

2. 素质考核

通过考核以下项目，获得素质考核成绩（见表 3-5），满分 40 分。

表 3-5　素质考核成绩

序号	评价内容（每项 10 分）	得分	亮点
1	出勤情况		
2	课前预习情况		
3	课堂表现		
4	任务完成情况		
总分：		教师签名：	

项目 4　高速铁路车站作业组织

【项目描述】

高速铁路以"高速"为特点,高速铁路车站把"为旅客提供最大方便、保护环境、保障所有设施的高技术水平运营"作为主要目标,所以高速铁路车站的作业组织水平与铁路旅客运输的效率和服务质量有着直接的关系。本项目主要介绍高速铁路车站接发列车作业及调车作业。

【知识目标】

(1) 了解高速铁路车站作业的特点。
(2) 熟悉高速铁路车站行车人员的主要技术工作。
(3) 掌握高速铁路接发列车作业流程。
(4) 掌握高速铁路调车作业要点。

【能力目标】

能够通过操作计算机联锁设备、CTC 设备进行接发列车作业及调车作业。

任务 4.1　高速铁路车站作业

4.1.1　拟完成的工作任务

通过观看高速铁路车站工作相关视频,明确车站的工作岗位设置,了解各工作岗位的岗位职责。

4.1.2　任务目的

(1) 了解高速铁路车站作业特点。
(2) 熟悉高速铁路车站岗位设置及主要作业。
(3) 掌握高速铁路车站列车技术作业内容。

4.1.3　所需设备

CTC 设备、计算机联锁设备仿真系统。

4.1.4 相关配套知识

知识点 1　高速铁路车站作业特点

高速铁路车站简称高铁车站，其主要作用是组织旅客安全乘降和迅速集散，保证旅客能迅速、方便地办理一切旅行手续，并为旅客提供舒适的候车环境和良好的文化生活服务，安全地承运、装卸、保管、中转与交付行李、包裹，车站还应及时地组织高速旅客列车的到达、出发及动车组的出入段作业。高速铁路车站作业具有以下特点。

1. 车站作业单一，一般只办理客运业务，不办理货运业务

日本、法国等多数国家高速铁路均不开行货物列车，德国虽存有两条客货混跑高速线，但仍以客车为多，货车主要在夜间运行，车站办理的作业主要是通过作业。我国高速铁路大部分也设定为不办理货运。

2. 在运行途中高速铁路车站一般不办理行包、邮政托运业务，列车停站时间短

我国普通客车多挂有行李车和邮政车。列车到达较大车站时，要进行邮件和行包的装卸作业，车站站台上沿站台的纵横向均须设置行邮拖车的走行通道，列车作业繁忙的大站通常需设横越股道、站台的地下通道，交叉干扰多，作业时间长，往往成为列车到发作业的主要限制因素。

高速列车牵引重量小、列车定员少，运输成本高，在高速列车上挂运邮车和行包不经济，还会因装卸行包而延长旅客列车的停站时间，不符合高速铁路追求最短旅行时间的目的。同时，增加行邮业务还需增建相应的行邮通道，以保证运营安全，这也会增加高速铁路车站的投资建设费用。因此，高速铁路车站一般不办理行包和邮件的装卸作业。国外的高速动车均不办理行邮作业，解决行包的办法一是设置较宽敞的行李架，二是开行单列的行包邮政列车。我国高速铁路基本与既有线平行，行包运输问题可以由既有线完成，故高速列车不办理行邮业务。

3. 高速铁路车站必须突出"以人为本、安全第一"的思想

高速铁路车站是一个大量人流集散的场所，应以方便旅客为宗旨，提供多层次的出入通道以引导旅客顺畅地进出站，做到快速集散客流、尽量减少旅客步行距离、减少滞留时间和安全方便。

不停站的高速列车通过车站的速度按要求应与区间相同，停站的列车进入咽喉区的速度也将达到 80 km/h。随着列车运行速度的提高，在其通过或进站停车时产生强大的气压（列车风）。为了防止"列车风"危及人员安全，在车站内要通过合理布设车站的各项设备来保证旅客人身安全、员工作业安全、列车运行安全、调车作业安全等，如采取站台加宽、安全线后移等措施。同时，注意车站的防火、防灾设施的合理布置。

4. 高速铁路车站的客运和行车组织工作要适应高效率快速作业要求

高速列车停站作业时间很短，列车停站时间最短 1 min，立即折返的列车停站时间从国外经验看是 15~25 min，必须提高车站客运和行车组织工作水平，适应高速列车的高效、快速的作业要求。

知识点 2　高速铁路车站列车技术作业

1. 高速铁路车站列车技术作业的主要内容

高速铁路车站技术作业包括客运站车场及线路的专门化、动车组相关技术作业、接发列车等。需要进行列车运行调整时,调度所的列车调度员按其编制的调整计划进行调整,一般情况下不需要客运站做什么工作。我国高速铁路的行车指挥全面采用分散自律式调度集中设备,客运站接发列车作业也主要由调度所完成,车站仅在特定条件下暂时接管该作业的办理任务。一般情况下,高速铁路客运站的技术作业相当简单,仅包括CTC条件下的接发列车、调车作业组织和动车组的相关技术作业。

2. 高速铁路车站办理的列车作业

高速铁路车站列车按其在站作业方式的不同主要分为始发列车作业、终到列车作业、通过列车作业、停站列车作业和立即折返列车作业。

对于仅办理高速列车到发的高速铁路车站,办理的列车技术作业主要包括动车组日常维护和检查、动车组车内设施维护及清洁、动车组的摘解和重联。

对于既办理高速列车到发又办理普速列车到发的高速铁路车站,办理的列车技术作业除上述技术作业外,还需进行普速旅客列车的技术检查、列车上水、行包邮件装卸、机车的摘挂等技术作业。

3. 高速铁路车站的技术作业时间标准

与车站技术作业相关的作业时间标准与车站的布局形式、车站设备等相关,可以实际查定获得。

作业时分分为两类:一类是车站技术作业时分,另一类是动车组在站停留时分。车站技术作业时分与车站平面布局形式和列车速度有关,计算时线路长度根据设计图确定,列车走行速度根据线路道岔和曲线确定。动车组在站停留时间根据列车类别确定。

① 列车在站停留时间主要考虑旅客乘降作业过程,包括旅客上、下车时间,打扫卫生时间、旅客座椅转向时间等。这些时间与运营方式有密切关系,甚至车厢结构对其也有显著影响。

② 旅客下车时间主要考虑车厢内旅客人数与每位旅客经过车门需要的时间。高峰时段按列车满员考虑,假设每车厢乘员 75~85 人,每人经过车门需要 3 s,则旅客下车占用时间为 3.75~4.25 min,考虑两端门可以同时下车,则占用时间为 1.9~2.3 min。

③ 由于旅客上车后需要寻找座位,走行通道不畅引起时间延滞,旅客上车通常比下车要占用更多的时间,一般按比下车多 1 min 取值。

日本东北新干线最短折返停留时间为 8 min,一般立折时间为 12~15 min,入段折返停留时间为 4 min。根据这些指标,旅客下车需要 3~4 min,上车需要 4~5 min,还需考虑打扫卫生及座椅转向时间(一般为 4 min)。

知识点 3 CTC车站行车人员的主要工作

传统的调度指挥方式是列车调度员—车站值班员—列车司机,而高速铁路由于其技术装备的先进性,作业环节少,自动化程度高,列车调度员可以直接指挥列车司机,从而使调度指挥效率大大提高。

1. 工作岗位设置

我国高速铁路采用分散自律调度集中系统(CTC)作为行车指挥设备。在正常情况下,路局集团公司的调度人员指挥高速铁路车站的日常行车和调车作业,自动排列列车及调车进路;车站主要负责客运作业,监视列车运行和调车。但遇到非正常情况时,车站工作人员需要与调度人员一起共同完成相关的接发列车和调车作业。

高速铁路车站一般不设固定的车站值班员,但设应急值守人员(分为车务应急值守人员和电务应急值守人员),应急值守人员由车务具有车站值班员职名的人员和电务信号人员担任。车务应急值守人员在车站行车监控室(设置有调度集中车站控制终端的处所)值守。电务应急值守人员除完成规定的巡视检查、维护工作以外,在车站行车监控室参与值守工作。

CTC 车站行车人员——车务应急值守人员在车站行车监控室值守,具体值守工作制度因各路局集团公司而差异。CTC 集控站的行车工作由列车调度员办理,司机等相关人员直接向列车调度员报告有关行车工作。集控站转为车站控制时,根据列车调度员指示,由车务应急值守人员担当车站值班员,指挥车站有关行车工作。

2. CTC 的两种控制模式

分散自律调度集中系统具备分散自律控制和非常站控两种模式。分散自律控制模式是通过调度集中设备,实现进路自动办理和人工办理的模式;非常站控模式是当调度集中设备发生危及行车安全的情况或行车设备施工、维修需要时,脱离调度集中系统控制,转为车站联锁控制台人工办理的模式。

在分散自律控制模式下,车站应急值守人员接到或发现危及行车安全的情况时,应立即按下"非常站控"按钮转为非常站控模式,并及时报告列车调度员。处理完毕后,根据列车调度员的指示转回分散自律控制模式。

车站由分散自律控制模式转为非常站控模式时,根据列车调度员指示,由车站车务应急值守人员担当车站值班员,负责办理以下行车作业:

① 向司机、运转车长等相关人员递交书面调度命令;
② 组织相关人员现场准备进路;
③ 组织相关人员对故障设备进行检查、确认;
④ 对站内到发线停留车辆的防溜措施进行检查、确认;
⑤ 在特殊情况下与司机办理故障车、事故车有关随车运输票据和回送单据的交接、保管工作;
⑥ 组织应急救援,完成信息传递和其他需现场了解、检查确认的工作。

电务、工务人员应根据车务应急值守人员指示,协助办理②、③、⑥项有关作业。

采用车站调车操作方式的车站,车务应急值守人员还应担当调车领导人,并负责办理调车进路。

任务 4.2　高速铁路车站接发列车作业

4.2.1　拟完成的工作任务

接发列车是车站行车工作的基本内容,也是保证列车按运行图安全正点运行、保证铁路畅通的关键环节。为保证车站接发列车的安全,必须按规定的程序办理,所有参加接发车工作的人员,都必须认真执行规定的作业程序和用语,贯彻"集中领导、统一指挥、逐级负责"的原则，做到安全、迅速、准确、不间断地接发列车。

我国高速铁路车站的接发列车人员与普速铁路不同，作业组织方式也不相同。通过本任务的学习，应能够自主完成高速铁路车站接发列车工作。

4.2.2 任务目的

（1）掌握分散自律与非常站控的转换方法。
（2）熟悉高速铁路接发列车行车凭证。
（3）掌握接发列车作业流程。

4.2.3 所需设备

计算机联锁设备及CTC设备仿真系统。

4.2.4 相关配套知识

知识点1 分散自律与非常站控的转换

目前，高速铁路行车指挥全面采用分散自律式调度集中控制设备（CTC），在正常情况下，车站处于分散自律控制模式，集控站由列车调度员负责指挥和办理接发列车作业，车站设车务应急值守人员。

在调度集中设备故障及发生危及行车安全的非正常情况下，由车务应急值守人员将控制模式转为非常站控模式并报告列车调度员，同时报告站段，让其指派胜任人员赶赴现场，协助做好非正常接发列车工作。

需要注意的是，除因危及行车安全必须立即由车务应急值守人员转换为非常站控模式外，其他由列车调度员提出需转为非常站控模式时，必须经调度所值班主任（值班副主任）的口头准许。

转为非常站控模式时，由于行车指挥权从列车调度员转到了车务应急值守人员，车务应急值守人员和列车调度员须在《CTC控制模式转换登记簿》内登记，记明转换的原因；同时，为了保证接发列车安全，必须将设备状况、站内停留车情况、列车运行计划、邻站（线路所）控制模式及与本站（线路所）有关的调度命令等情况交接清楚，认真核对。转为非常站控模式后，车务应急值守人员应通知列车司机和邻站（线路所）"本站已转为非常站控模式"。

当调度集中设备恢复正常及危及行车安全等转为非常站控模式的原因消除后，车务应急值守人员和列车调度员需在《CTC控制模式转换登记簿》内登记，并及时转回分散自律控制模式。

1. 车务应急值守人员应掌握的信息

由于行车办理权的转换，车站值班员如果不了解有关情况就盲目作业，容易出现安全问题。因此路局集团公司对转为非常站控模式前车务应急值守人员要清楚掌握哪些内容有着严格的规定，具体如下。

①"计划清"。车务应急值守人员须与列车调度员核对列车运行计划，确认车次、股道、时刻、运行位置、站内到发线占用情况。

②"设备清"。车务应急值守人员须询问列车调度员车站及相邻两区间设备情况，如有设

备故障，须问清故障设备名称、故障地点、影响范围及行车限制条件等。

③"命令清"。车务应急值守人员须询问列车调度员与本站有关的调度命令内容及执行情况。

④"对象清"。车务应急值守人员须询问列车调度员邻站是否处于非常站控模式，明确办理行车手续的对象。

2. 车站值班干部的职责

为保证行车安全，车站转为非常站控模式时，车站值班干部要上岗监护作业并认真执行下列规定。

①必须立即到岗。车站值班干部接到车务应急值守人员的报告后，必须立即到行车监控室掌握相关情况，盯控作业关键。

②必须加强盯控。车站值班干部到岗后，须认真盯控进路、行车凭证、调度命令、"运统46"等关键内容，填记《非正常情况下接发列车关键环节控制程序》。

③必须及时汇报。车站值班干部必须及时向站段值班室汇报，重要信息向运输处值班室汇报。

知识点2 高速铁路接发列车行车凭证

铁路行车凭证是列车进入区间或闭塞分区的凭证。目前，我国高速铁路区段采用自动闭塞制式，正方向行车时，列车按自动闭塞法运行，站内信号机处于常态灭灯状态，区间不设通过信号机，只设区间信号标志牌；反方向运行时，列车按自动站间闭塞运行。

高速铁路行车凭证分为两大类：一类是正常情况下的行车凭证；另一类是信号机常态点灯的 CTCS-2 级自动闭塞区段特殊情况下办理发车的行车凭证（见表 4-1），以及 CTCS-3 级及信号机常态灭灯的 CTCS-2 级自动闭塞区段特殊情况下办理发车的行车凭证（见表 4-2）。

表 4-1　信号机常态点灯的 CTCS-2 级自动闭塞区段特殊情况下办理发车的行车凭证

序号	特殊情况	控车方式	行车凭证	发给行车凭证的依据	附带条件
1	出站信号机（线路所通过信号机）故障时发出列车	LKJ（GYK）控车	调度命令	（1）确认第一个闭塞分区空闲；（2）确认道岔位置正确及进路空闲	以不超过 20 km/h（动车组列车为不超过 40 km/h）速度运行至第一架通过信号机，按其显示的要求执行
2		隔离模式运行		（1）确认区间空闲；（2）确认道岔位置正确及进路空闲	以不超过 40 km/h 速度运行至前方站进站信号机（线路所通过信号机）
3	发车进路信号机故障时发出列车	LKJ（GYK）控车	调度命令	（1）确认发车进路空闲；（2）确认道岔位置正确	以不超过 20 km/h（动车组列车为不超过 40 km/h）速度运行至次一信号机

续表

序号	特殊情况	控车方式	行车凭证	发给行车凭证的依据	附带条件
4	发车进路信号机故障时发出列车	隔离模式运行	调度命令	（1）确认发车进路空闲； （2）确认道岔位置正确	以不超过 40 km/h 速度运行至次一信号机
5	区间一架及以上通过信号机故障时发出列车	CTCS-2 级控车	列控车载设备显示的允许运行的速度值	确认区间空闲	
6		LKJ（GYK）控车	出站信号机（线路所通过信号机）显示的允许运行的信号		
7	反方向发出列车	CTCS-2 级控车	列控车载设备显示的允许运行的速度值	（1）确认区间空闲； （2）反方向行车的调度命令	
8		LKJ（GYK）控车	出站信号机（线路所通过信号机）显示的允许运行的信号		

表 4－2　CTCS-3 级及信号机常态灭灯的 CTCS-2 级自动闭塞区段特殊情况下办理发车的行车凭证

序号	特殊情况	控车方式	地面信号机状态	行车凭证	发给行车凭证的依据	附带条件
1	开放引导信号发出列车	CTCS-3 级控车 CTCS-2 级控车	灭灯	列控车载设备显示的允许运行的速度值	（1）确认第一个闭塞分区空闲（发车进路信号机开放引导信号时，为确认至次一信号机间空闲）； （2）确认道岔位置正确及进路空闲	
2		LKJ（GYK）控车	点灯	出站信号机（发车进路信号机、线路所通过信号机）显示的允许运行的信号	（1）确认区间空闲（发车进路信号机开放引导信号时，为确认至次一信号机间空闲）； （2）确认道岔位置正确及进路空闲	

续表

序号	特殊情况	控车方式	地面信号机状态	行车凭证	发给行车凭证的依据	附带条件
3	出站信号机（线路所通过信号机）故障且引导信号不能开放时发出列车	LKJ（GYK）控车	点灯	调度命令	（1）确认区间空闲；（2）确认道岔位置正确及进路空闲	
4		隔离模式运行				以不超过 40 km/h 速度运行至前方站进站信号机（线路所通过信号机）
5	发车进路信号机故障且引导信号不能开放时发出列车	LKJ（GYK）控车	点灯	调度命令	（1）确认发车进路空闲；（2）确认道岔位置正确	以不超过 20 km/h（动车组列车为不超过 40 km/h）速度运行至次一信号机
6		隔离模式运行				以不超过 40 km/h 速度运行至次一信号机
7	区间一个及以上闭塞分区轨道电路红光带时发出列车	CTCS-3级控车 CTCS-2级控车	灭灯	列控车载设备显示的允许运行的速度值	确认区间空闲	
8		LKJ（GYK）控车	点灯	调度命令	（1）确认区间空闲；（2）确认道岔位置正确及进路空闲	
9	反方向发出列车	CTCS-3级控车 CTCS-2级控车	灭灯	列控车载设备显示的允许运行的速度值	（1）确认区间空闲；（2）反方向行车的调度命令	
10		LKJ（GYK）控车	点灯	出站信号机（线路所通过信号机）显示的允许运行的信号		

知识点 3 车机联控

动车组列车装备有机车综合无线通信设备（CIR），能实现接车进路预告，司机通过 CIR 设备能够很清楚地知道进路情况，而且动车组列车是严格按照列车运行图规定的股道进行接发的，出现变更股道的情况，列车调度员要向列车司机发布调度命令，司机也能清楚地知道进路的变化情况。所以动车组列车运行中不进行车机联控。车站由分散自律控制模式转为非常站控，且按电话闭塞法行车时，应执行车机联控，车站的车务应急值守人员或车站值班员应主动呼叫司机。车机联控用语如下。

（1）动车组列车接车或机外停车后开车时，进路准备好后：

① 车务应急值守人员（车站值班员）：××（次）×站×道停车（通过）。

② 列车司机：××（次）×道停车（通过），司机明白。

（2）动车组列车站内停车再开或列车始发时，进路准备好后：

① 车务应急值守人员（车站值班员）：××（次）×道出站信号好了。

② 列车司机：××（次）×道出站信号好了，司机明白。

（3）动车组列车邻站发出后，车务应急值守人员（车站值班员）应主动呼叫司机：

① 车务应急值守人员（车站值班员）：××（次）××（站）×道停车（通过）。

② 列车司机：××（次）×道停车（通过），司机明白。

（4）动车组列车临时机外停车：

① 车务应急值守人员（车站值班员）：××（次）××（站）机外停车。

② 列车司机：××（次）××（站）机外停车，司机明白。

（5）动车组列车通过变为停车：

① 车务应急值守人员（车站值班员）：××（次）××（站）×道停车。

② 列车司机：××（次）×道停车，司机明白。

（6）动车组列车变更固定接车线路：

① 车务应急值守人员（车站值班员）：××（次）×（站）变更×道停车（通过），限速××公里。

② 列车司机：××（次）××（站）变更×道停车（通过），限速××公里，司机明白。

（7）动车组列车反方向通过：

① 车务应急值守人员（车站值班员）：××（次）××（站）×道通过，反方向运行，（侧向出站限速××公里）。

② 列车司机：××（次）×道通过，反方向运行，（侧向出站限速××公里），司机明白。

（8）动车组列车反方向发车：

① 车务应急值守人员（车站值班员）：××（次）××（站）×道出站信号好了，反方向运行，（侧向出站限速××公里）。

② 列车司机：××（次）××（站）×道出站信号好了，反方向运行，（侧向出站限速××公里），司机明白。

（9）动车组在站内或区间限速：

① 车务应急值守人员（车站值班员）：××（次）××（站）×道通过（停车），站内（区间）××公里××米至××公里××米限速××公里。

② 列车司机：××（次）××（站）×道通过（停车），站内（区间）××公里××米至××公里××米限速××公里，司机明白。

（10）动车组列车引导接车：

① 车务应急值守人员（车站值班员）：××（次）××（站）引导接车，×道停车（通过），注意引导信号。

② 列车司机：××（次）××（站）引导接车，×道停车（通过），司机明白。

（11）动车组列车引导发车，进路准备好后：

① 车务应急值守人员（车站值班员）：××（次）××（站）引导发车，×道出站信号好了。

② 列车司机：××（次）××（站）引导发车，×道出站信号好了，司机明白。

（12）向封锁区间开行路用、救援列车：

① 进路准备妥当，按规定办理凭证并交付后：

列车司机：××（站），××号调度命令已收到（进路准备人员若为列车调度员时，"××站"应为"列车调度员"）。

进路准备人员：××（次）×（站）×道发车进路好了。

列车司机：××（次）×（站）×道发车进路好了，司机明白。

② 区间作业完毕返回站内时：

列车司机：××（站），××（次）请求返回。

进路准备人员：××（站）明白。

进路准备人员若为列车调度员时，"××（站）"应为"列车调度员"。

③ 接车进路准备妥当，并确认信号开放正确后：

进路准备人员：××（次）××（站）××道停车。

列车司机：××（次）××（站）××道停车，司机明白。

知识点 4 接发列车作业程序及有关规定

1. 办理列车预告、报点

正常情况下，列车的预告手续由 CTC 自动完成，不需要人工办理。非常站控模式车站与分散自律控制模式车站或相邻非常站控模式车站间、相邻非调度集中车站与分散自律控制模式车站或非常站控模式车站间办理接发列车时，通过 CTC 或 TDCS 自动办理列车预告、报点。遇无法办理自动预告、报点时，由车站值班员与列车调度员或相邻车站值班员人工办理列车预告、报点。

2. 接发动车组列车"五固定"

接发办理客运业务的动车组列车，须执行"五固定"，即固定接发车进路、固定到发线、固定站台、固定停车位置及固定接发车人员。

遇需在非固定到发线接发动车组列车时，须经调度所值班主任准许，由列车调度员发布调度命令。

3. 取消发车进路

出站信号开放或进入区间行车凭证已交付后，如需取消发车进路，列车调度员（非常站控模式时为车站值班员）应及时与司机联系，确认列车尚未起动后，先口头通知司机，再取消发车进路。

列车调度员使用无线传送系统向司机下达书面调度命令时，司机应及时签认接收。司机对其内容有疑问时，须立即向列车调度员询问。

4. 道岔加锁

在高速铁路车站，由于车站只设车务应急值守人员，没有其他的行车人员，所以在发生设备故障需要道岔加锁时，车务应急值守人员要在行车监控室内负责组织、联系、汇报等工作，车站工务人员、电务人员要参与道岔加锁作业，这一点与既有线是不同的。对高速铁路车站道岔加锁的规定具体如下：

① 当站内道岔失去表示，无法正常办理接发列车进路时，由车务应急值守人员报告车站值班干部，车站副站长（安全员）组织电务人员、工务人员进行道岔转换、开通位置确认、道岔加锁等工作。

② 现场人工准备进路时，由电务人员任扳道长，与工务人员共同负责道岔转换、加锁等工作，电务人员、工务人员、车站副站长（安全员）共同确认道岔开通位置正确、加锁良好后，在现场签认《道岔加锁及开通位置登记表》（见表4－3），由车站副站长（安全员）通知车务应急值守人员（车站值班员）进路准备情况，车务应急值守人员（车站值班员）向列车调度员汇报。

表4－3 道岔加锁及开通位置登记表

年	月	日	次	道	接车（发车）（通过）		
顺号	道岔编号	开通位置	加锁情况	电务签名	工务签名	车务签名	

③ 道岔各牵引点及斥离尖轨、可动心轨均须安装道岔钩锁器。道岔钩锁器的安装位置，由车务部门组织，电务部门、工务部门配合，按照道岔钩锁器使用说明书的要求，共同确定后，由工务部门在加锁一侧钢轨轨腰处用红色油漆画一竖线，作为加装道岔钩锁器的标记，并负责日常保养。

④ 各车站配备的道岔钩锁器必须是经部（局）鉴定合格的产品。使用单位必须严格按照道岔钩锁器使用说明书进行操作。

⑤ 由车务部门对道岔钩锁器固定编号，在车站行车监控室内设置专用保管箱存放，车务部门加锁、电务部门施封，由车务部门妥善保管。每季度以车务部门为主、电务部门配合，开锁、破封将道岔钩锁器保养一次，保证使用灵活。

⑥ 需要使用道岔钩锁器时，由车务应急值守人员通知电务人员、工务人员。电务人员、工务人员共同在《行车设备检查登记簿》内登记使用原因、使用数量及道岔钩锁器编号，经车务应急值守人员签认后，方可开锁、破封，取出使用。工务人员、电务人员取出道岔钩锁器时，车务应急值守人员要核对数量及编号。

⑦ 工务人员、电务人员使用完道岔钩锁器后，要在现场清点、收回，一件不漏地带回行车监控室，由车务应急值守人员与工务人员、电务人员共同清点数量、核对编号，正确无误后入箱加锁、施封，工务部门、电务部门方可在《行车设备检查登记簿》内销记。

5. 分散自律控制模式下车站接发列车作业组织方法

动车组列车开车前，司机要选定机车综合无线通信设备通信模式和运行线路，确认机车综合无线通信设备和GSM-R手持终端的车次号及机车号注册成功，关闭非操控端司机室机车综合无线通信设备电源。

动车组列车由列车长确认旅客上下完毕后，通知司机关闭车门；列车到站停稳后，司机必须在确认对准停车位置后才能开启车门。按钮不在司机操作台上的，由列车长通知随车机械师关闭车门；列车到站停稳后，由随车机械师开启车门。如遇自动开关门故障，由司机通知列车工作人员手动开关车门。动车组列车司机在确认行车凭证和开车时间并关闭车门后，即可起动列车。

出站信号开放或进入区间行车凭证已交付，如需取消发车进路，列车调度员应及时与司机联系，确认列车尚未起动后，再取消发车进路。

列车应按运行图规定的股道接发或通过。遇特殊情况需调整时，由列车调度员在列车运行调整计划中进行并发布调度命令。需人工排列进路时，通过 CTC 操作终端进行操作。

动车组列车通过车站时，需提前停止通过进路上的其他作业和对列车运行安全有影响的作业。提前时间由路局集团公司规定。

6. 车务应急值守人员非常站控模式接发列车作业标准

非常站控模式的接、发列车作业标准如表 4-4、表 4-5 所示。

表 4-4 非常站控模式接车（通过）作业标准

作业项目	岗位技术作业要求	说明事项
1. 核对计划	（1）根据列车调度员下达的列车运行阶段计划，核对车次、时刻、命令、指示、接车股道等，必要时与列车调度员联系	根据列车运行阶段计划下达，按规定通知有关人员
2. 准备接车	（2）确认列车预告（系统提示）	系统提示主要为语音、信息窗及电子《行车日志》
	（3）根据需要通知有关人员	
	（4）停止影响进路的调车作业。确认调车作业停止后，口呼"影响进路的调车作业已停止"	停止调车作业的时机，按有关规定联系确认。无影响进路的调车作业时，本项作业省略
3. 开放信号	（5）确认邻站开车（系统提示）。开放进站信号，口呼"进站"，按下"始端"按钮；口呼"×道"（正线通过时，口呼"出站"），按下"终端"按钮	系统提示主要为语音、信息窗及电子《行车日志》。列车通过时，应办理有关发车作业程序
	（6）监视列车信号开放情况。确认光带、信号显示正确，口呼"×道进站信号好（了）"［通过时，口呼"×道进、出站信号好（了）"］	
4. 列车接近	（7）监视信号及进路表示	
	（8）第一接近铃响（语音提示）、光带变红，再次确认信号开放正确	
5. 列车到达（通过）	（9）监视进路、信号及列车进（出）站	
	（10）通过光带显示，确认列车进入（通过）接车线	
	（11）确认系统自动采点正确	自动采点不正确时，车站值班员在系统中人工输入（修正）

表 4-5　非常站控模式发车作业标准

作业项目	岗位技术作业要求	说明事项
1. 核对计划	（1）联系列车调度员确定发车计划	
	（2）始发列车，根据列车运行阶段计划，确认发车股道正确，输入车次号	
2. 发车预告	（3）停止影响进路的调车作业。确认调车作业停止后，口呼"影响进路的调车作业已停止"	停止调车作业时机按规定联系并确认。无影响进路的调车作业时，本项作业省略
	（4）通过 CTC 终端办理预告	
3. 开放信号	（5）通过计算机联锁终端开放出站信号，口呼"×道"，按下"始端"按钮；口呼"出站"，按下"终端"按钮	
	（6）通过确认发车进路光带、信号显示正确后，口呼"×道出站信号好（了）"	
4. 确认发车	（7）监视信号及进路表示	
5. 监视列车	（8）列车起动，确认系统自动采点正确	自动采点不正确时，车站值班员在系统中人工输入（修正）
	（9）通过计算机联锁终端确认列车整列出站	

7. 信号机的点灯、关灯操作

高速铁路列车运行速度高，司机不可能凭肉眼判别地面信号的显示，所以高速铁路列车司机是通过司机驾驶室的仪表显示来确认信号显示的。在 CTCS-3 级区段，车站进站、出站、进路信号机在正常状态下不显示。车站联锁设备设置"点灯"按钮和"灭灯"按钮，与对应的进站、进路或出站信号机列车按钮结合操作，实现对进站、进路或出站信号机的点灯和关灯控制。

调车信号机及动车段（所）的信号机正常状态点亮。CTCS-3 级区段遇下列情况，车站进站、出站信号机应点灯：

① 接入列控车载设备转隔离模式的列车时；
② 接入机车信号和 LKJ 故障的列车时；
③ 接发路用列车时；
④ 在未设调车信号机的车站或线路上须越出站界进行调车作业时。

注意：只有在站间区间空闲的情况下，才能点亮出站信号机。

知识点 5　非正常接发列车

1. 人工办理接发列车进路

高速铁路车站、线路所、动车段（所）采用计算机联锁设备，接发列车进路自动办理。遇特殊情况不能自动排列进路时，应人工办理接发列车进路。

1）人工办理进路前的准备工作

人工办理接车进路前，为了防止向占用线路接车，车站值班员或列车调度员必须亲自或通过有关人员确认接车线路空闲，为了不造成到达列车站外停车或出发列车晚点，还应确认影响进路的调车作业已经停止，方可准备进路、开放进站信号机，准备接车。

人工办理发车进路前，确认影响进路的调车作业已经停止后，方可准备进路、开放出站信号或交付行车凭证，准备发车。

车站值班员或列车调度员，下达准备接发列车进路命令时，必须向有关人员讲清接发列车的车次、占用线路，即某次接入某道或某次某道出发。当车站一端有两个及以上列车运行方向或双线反方向行车时，还要讲清方向、线别。布置进路应使用规定用语，要求简明、清楚，不得简化。布置进路的命令，不准与其他作业的命令、通知一起下达，以防混淆。当车站衔接方向有两条及以上运行线路时，布置进路时除讲明方向外，还应讲清经由线别。为防止布置进路时有关人员错听，受令人员必须复诵。车站值班员或列车调度员要认真听取复诵，核对无误，方可执行命令。

2）人工办理进路的方法

人工办理进路时，准备进路人员必须严格按车站值班员或列车调度员布置的接发列车进路命令和调车作业计划执行。准备进路人员在扳动道岔、操纵信号时，要眼看、手指、口呼，认真执行"一看、二扳（按）、三确认、四显示（呼唤）"制度。

① 一看：看道岔标志、信号按钮位置。

② 二扳（按）：将道岔、信号按钮扳（按）至所需位置。

③ 三确认：扳（按）完道岔、信号按钮后，通过表示灯或标志确认有关进路道岔开通位置是否正确；确认信号开放、关闭状态是否正确。

④ 四显示（呼唤）：确认无误后，就地显示规定的信号或按规定执行呼应制度。

接发列车进路准备人员或其他人员在接发列车进路准备完了或信号开放后，及时向车站值班员或列车调度员报告进路准备情况。

3）人工办理进路开放信号机的时机

信号机的开闭时机是保证安全、正点接发列车的一项重要因素。信号开放过早，进路上的有关道岔锁闭，会提前占用咽喉区，影响调车作业及其他作业；信号开放过晚，进路上的有关道岔处于解锁状态，会造成列车在信号机外减速或停车，不仅影响正点率，而且危及行车安全。因此，人工办理接发列车进路时，开放信号机的时机，应是列车正点到达车站或从车站出发前的一个合理时间，在高速铁路《行车组织细则》中有明确规定。

遇特殊情况，出站信号机已开放或行车凭证已交付，如需取消发车进路时，列车调度员（非集控站为车站值班员）应与司机联系，确认列车尚未起动，收回行车凭证后，再取消发车进路。若出发列车已经起动，禁止取消发车进路。

2. 电话闭塞接发列车

电话闭塞是在办理接发列车时，遇基本闭塞设备故障，导致基本闭塞不能使用时，根据列车调度员命令所采取的代用闭塞法。采用电话闭塞法行车时，动车组列车司机根据调度命令将列控车载设备转为LKJ方式运行，未装备LKJ设备的动车组列车转为隔离模式运行。

1）电话闭塞法列车占用区间行车凭证

使用电话闭塞法行车时，列车占用区间的行车凭证为调度命令。

列车调度员办理发车时，应查明区间空闲。接车站（线路所）为车站控制或邻台列车调度员控制时，为避免相对方向的两端站同时发出迎面列车，单线、双线正方向首列和双线反方向发车时，除根据《行车日志》等查明区间空闲外，还必须取得接车站承认的电话记录号码（发出除双线正方向首列外的列车时，取得的电话记录号码为前次列车到达的电话记录号码），在发车进路准备妥当后，方可发布作为行车凭证的调度命令。

车站值班员办理发车时，应查明区间空闲，并取得接车站（线路所）承认的电话记录号码，但双线正方向首列后发车为取得前次列车到达的电话记录号码（办理发车及接车的车站、线路所为同一车站值班员指挥时不办理电话记录号码），在发车进路准备妥当后，方可向列车调度员报告，请求发布作为行车凭证的调度命令。

2）电话记录号码

办理电话闭塞时，下列各项应发出电话记录号码（办理发车及接车的车站、线路所为同一车站值班员或列车调度员指挥时除外），并做好记录：承认闭塞，列车到达，取消闭塞。

为了便于记录和查看，电话记录号码自每日 0 时起至 24 时止，按日循环编号。电话记录号码由车站编制，每百号为一页，号码顺序应无规律地交错，以防止对方猜测使用，每页内不得有重号。车站值班员应按顺序使用，用后抹销。但在同一区间、同一方向，一日内不得使用同一号码，以免发生错误，危及行车安全。

3）电话闭塞法接发列车程序

高速铁路电话闭塞法接发列车程序与普速铁路电话闭塞法接发列车程序基本相同，但在组织方法和参加人员等方面存在以下差异：

① 办理接发列车的作业人员中没有助理值班员，集控站只有一名车务应急值守人员，非集控站只有车站值班员和信号员。

② 引导接车时，车站值班员按规定通过计算机联锁终端开放引导信号接车。引导信号不能开放时，应预告列车调度员发布调度命令，以调度命令作为司机越过进站信号机的根据。

③ 解锁进路时，如连续使用同一进路接发列车，可不将加锁的道岔解锁恢复定位。

④ 开通区间时，对动车组及按施工特定行车办法行车的列车，不回收书面行车凭证。

3. 车站引导接车规定

当进站、接车进路信号机不能使用时，若设有引导信号，应开放引导信号接车。引导接车一般在特殊情况下进行，所以需要注意行车凭证、接车速度、进路道岔锁闭等问题。

1）引导接车行车凭证

在高速铁路车站，当进站、接车进路信号机不能使用时，应使用引导信号。当引导信号不能开放或无进站信号机时，车站值班员应报告列车调度员，由列车调度员发布调度命令，司机根据调度命令越过该信号机。

2）引导接车速度

引导接车时，列车以不超过 20 km/h（动车组列车为不超过 40 km/h）速度进站，并做好随时停车的准备。

3）引导接车进路道岔加锁

在无联锁的线路上接发列车时，由于无设备保证进路正确及不能锁闭敌对进路，容易发生意外。为了保证列车出入车站的安全，除严格按接发列车手续办理外，还应将进路上无联锁的道岔及邻线上能够进入该进路的无联锁的防护道岔加锁，进路上有联锁的道岔及邻线上有联锁的防护道岔应在控制台锁闭，以防意外扳动造成列车进入异线、脱轨或因其他机车车辆闯入接车进路而发生冲突事故。

为保证高速铁路接发列车的安全，规定在无联锁的情况下，对进路上无联锁的道岔无论顺向、对向，除确认其开通位置正确外，还须加锁。

对接发列车进路上的分动外锁闭道岔，由于结构不同于普通道岔，可动部分多，锁闭工具、加锁位置也与普通道岔不同，要求在进路上无论对向和顺向，都必须对密贴尖轨、斥离尖轨和可动心轨加锁。具体加锁办法，由路局集团公司根据道岔、加锁工具及劳动组织等情况规定。

4. 列车在站临时停车后继续运行的处理

接发列车作业涉及人员较多，情况复杂多变，车站内的设备故障、自然灾害、人身安全等原因，都会造成列车在站内临时停车。列车在站内临时停车，待停车原因消除后需要继续运行时，按以下规定办理：

① 司机主动停车时，自行起动列车；

② 其他列车乘务人员使用紧急制动装置（紧急制动阀）停车时，由随车机械师（车辆乘务员）通知司机开车；

③ 列车调度员（车站值班员）使列车在站内临时停车时，由列车调度员（车站值班员）通知司机开车；

④ 其他原因的临时停车，列车调度员（车站值班员）应组织司机、随车机械师（车辆乘务员）等查明停车原因，在列车具备运行条件后，由列车调度员（车站值班员）通知司机开车。

上述第①、②、④项列车停车后，司机应立即报告列车调度员（车站值班员），并说明停车原因。

任务 4.3　高速铁路车站调车作业

4.3.1　拟完成的工作任务

调车作业是铁路运输生产过程的基本环节，是车站主要工作内容之一，对保证按图行车、安全正点地发出列车、提高铁路运输服务质量都具有十分重要的意义。

通过本任务的学习，能够通过操作计算机联锁设备及 CTC 设备进行动车组及动车组以外列车的调车作业。

4.3.2　任务目的

（1）掌握调车工作一般要求。

（2）了解高速铁路调车工作的领导人与指挥人。

（3）熟悉动车组及动车组以外列车的调车作业程序。

（4）了解机车车辆的连挂及防溜规定。

4.3.3　所需设备

CTC 设备及计算机联锁设备仿真系统，高速铁路沙盘。

4.3.4 相关配套知识

知识点 1 调车工作一般要求及调车作业计划的编制、下达、变更

1. 调车工作一般要求

高速铁路调车与普速铁路有所不同，为了保证动车组列车运行安全、正点按图行车，对高速铁路调车作业人员、通信设备、动车组地勤司机、调车作业方法、接软管、防溜、调车速度和进路道岔锁闭等做出严格要求，具体如下。

（1）车站、动车段（所）的调车工作，应按列车运行图、车站或动车段（所）的技术作业过程及调车作业计划进行。参加调车作业的有关人员应做到以下几点。

① 及时办理动车组出入段（所）、转线及车底取送等作业。发车前，按运行图规定及时将动车组接入到发线待发，保证动车组列车按运行图规定时刻发车，不影响接车。列车终到后，及时组织人员进行动车组入段（所）、转线和检修作业，减少到发线占用时间，保证正常的接发列车作业。

② 充分运用一切技术设备，采用先进工作方法，用最少的时间完成调车任务，即提高作业效率。首先要充分发挥调车人员的积极性，尽量使各工种之间密切配合、协同劳作，提高劳动生产率；其次是经济合理地运用技术设备，采用先进工作方法，周密计划，合理安排，尽可能组织平行作业，压缩各种非生产时间，提高调车效率。

③ 认真执行作业标准，防止一切可能发生的事故，保证调车人员的人身安全及行车安全。

（2）调车作业时，应使用机车综合无线通信设备、调度台（车站）FAS 终端或注册的 GSM-R 手持终端进行联系。

使用机车进行调车作业时，应使用无线调车灯显设备（机车摘挂、转线等不进行车辆摘挂的作业除外），并使用规定频率，其显示方式须符合有关要求。无线调车灯显设备应与列车运行监控装置配合使用，无线调车灯显设备的使用、维修及管理办法由路局集团公司规定。无线调车灯显设备正常使用时停用手信号，对灯显以外的作业指令采用通话方式；无线调车灯显设备发生故障时，改用手信号作业。

（3）动车段（所）设动车组地勤司机，负责动车组在动车段（所）内调车、试运行等调移动车组的作业。

（4）禁止溜放调车、手推调车和跟踪出站调车作业。

（5）在作业中，调车作业人员须停车上下。

（6）调车作业必须连接全部软管，保证车列能按要求减速或停车，并按规定对停留车辆采取防溜措施。摘车时，必须停妥，按规定采取好防溜措施，方可摘开车钩；挂车时，没有连挂妥当，不得撤除防溜措施。

（7）调车作业速度是根据调车作业特点、调车时所经过线路道岔的允许速度及保证调动车列运行中的安全而规定的。要求参加调车作业的有关人员必须认真执行并遵守下列规定：

① 在空线上牵引运行时，速度不准超过 40 km/h；推进运行时，速度不准超过 30 km/h；动车组后端操作时，速度不准超过 15 km/h；

② 调动乘坐旅客车辆时，速度不准超过 15 km/h；

③ 接近被连挂的车辆时，速度不准超过 5 km/h；

④ 在尽头线上调车时，距线路终端应有 10 m 的安全距离；遇特殊情况，必须近于 10 m 时，要严格控制速度。

⑤ 电力机车、动车组在有接触网终点的线路上调车时，应控制速度，距接触网终点标应有 10 m 的安全距离；遇特殊情况，必须近于 10 m 时，要严格控制速度。

⑥ 旅客未上下车完毕，除本务机车、补机摘挂作业外，不得进行旅客列车（车底）的连挂作业。

⑦ 遇天气不良等非正常情况，应适当降低速度。

（8）调车信号机故障不能开放时，调车指挥人或司机无法从设备上确认进路和取得允许运行的信号，如长时间停留，将影响咽喉能力和调车任务。因此规定进路准备人员应将相关道岔操纵至所需位置并单独锁闭，在调车进路准备妥当后通知调车指挥人（司机）准许越过故障的调车信号机。

2. 调车作业计划的编制、下达及变更

① 调车领导人应正确及时地编制、布置调车作业计划。

② 进行有车辆摘挂的调车作业时，应使用有示意图的调车作业通知单（示意图可另附）。

③ 变更调车作业计划时，调车领导人应通知调车指挥人（无调车指挥人时为司机）停止作业，重新编制调车作业计划并下达，待司机和有关人员清楚无误后，方可继续作业。

④ 调车指挥人应根据调车作业计划制订具体作业方法，连同注意事项，亲自向司机交递和传达；对其他有关人员，应亲自或指派人进行传达。

⑤ 调车指挥人确认有关人员均已了解调车作业计划后，方可开始作业。

⑥ 调车作业计划通过机车综合无线通信设备（CIR）传送给司机。遇无机车综合无线通信设备（CIR）或该设备故障时，可通过 GSM-R 手持终端向司机传达，司机确认后方可作业。

⑦ 变更调车作业计划时，调车领导人应通知司机停车，由调车领导人传达清楚、司机确认后方可继续作业。

知识点 2 高速铁路调车工作的领导及指挥

1. 高速铁路调车工作原则

高速铁路调车工作是由列车调度员、车站值班员、车务应急值守人员、信号员、调车作业人员、动车组司机、随车机械师、机车或自轮运转特种设备乘务人员等共同完成的。多工种在不同的条件和环境下联合作业，为了安全、迅速、准确、协调地完成调车作业任务，调车作业必须实行"统一领导和单一指挥"的原则。

2. 高速铁路调车工作指挥

高速铁路车站的调车作业量少，一般不设车站调度员和调车区长。在集控站，车站调车作业由该区段列车调度员统一领导；在非常站控模式的集控站，车站调车作业由车务应急值守人员统一领导；在非集控站，车站调车作业由车站值班员统一领导。

多条高速铁路或高速铁路与普速铁路的交会站，一般划分多个车场，分车场组织行车的车站调车作业，由负责该场调车进路的列车调度员（车站值班员或车务应急值守人员）领导。动车段（所）设备及管理模式不尽相同，调车作业的领导人由路局集团公司具体规定。动车段（所）一般设动车段（所）调度，调车作业由动车段（所）调度统一领导。

为了保证调车作业安全，保证调车作业有关人员行动一致、密切配合，提高调车作业效率，更好地完成调车任务，调车作业实行"单一指挥"的制度。调车作业单一指挥是指对每台担当调车作业的动力（动车组、机车或自轮运转特种设备），在同一时间内只准由调车指挥人（无调车人员时为司机）一人指挥，其他参与调车作业人员应服从调车指挥人的指挥。

1）调车指挥人

调车作业由调车长单一指挥，所有参与调车作业人员都必须按调车长的指挥进行作业。遇有特殊情况，可由经鉴定、考试合格的胜任人员担当指挥工作。动车组自走行调车作业机车及自轮运转特种设备转线等调车作业由司机负责，不另设调车指挥人。

动车段（所）调车作业的指挥人由路局集团公司具体规定。动车段（所）一般设有地勤司机，作为动车段（所）调车作业的指挥人。

2）调车长职责

在调车作业中，调车长既是组织者又是指挥者，对组织调车人员执行规章制度、落实作业标准、保证安全、提高效率等都负有重要责任。

① 调车作业前，必须亲自并督促调车组人员充分做好准备，对调车设备进行认真检查。

② 调车作业过程中，应组织调车人员正确、及时地完成调车任务，显示的调车手信号或使用无线调车灯显设备发出的指令必须正确、及时，认真执行规章制度和调车作业标准，严格要求，不间断瞭望，并随时掌握参加调车作业人员的情况，负责调车人员的人身安全和作业安全。

3）司机职责

司机负责动车组自走行调车作业、机车及自轮运转特种设备转线等调车作业，接到作业计划后，及时传达并组织本乘务组人员正确、及时地完成调车任务。

① 调车作业前，组织本乘务组人员按规定做好相关设备整备，保证机车（动车组、自轮运转特种设备）质量良好，负责操纵机车（动车组、自轮运转特种设备）。

② 调车作业过程中，时刻注意确认信号，不间断地进行瞭望，认真执行呼唤应答制度，发现危及人身安全或作业安全时，立即采取措施。正确、及时地执行信号显示（作业指令），严格按调车速度要求行车，没有信号或指令不准动车，遇有手信号显示不明、不正确或无线调车灯显设备故障、指令不清、错误显示、无信号显示或接到紧急停车指令时，必须立即停车。

知识点 3　动车组调车作业

目前，我国高速铁路动车组采用固定编组，如有个别车辆故障，则全列送修，故高速铁路调车工作主要包括动车组转线、动车组出（入）检修库、动车组与救援列车或机车摘挂、8辆固定编组动车组的重联或摘解，以及动车组以外旅客列车车底取送、转线、解编和摘解作业。

1. 动车组调车运行凭证

动车组调车作业时，司机凭地面信号机的显示进行作业。

2. 动车组调车动力

考虑动车组的构造特点、作业方式及安全问题，一般情况下动车组进行调车作业采用自走行方式。但遇故障救援、非电气化区段调车等情况时，可采用动车组无动力调车方式。

3. 动车组调车的操作

动车组在车站调车作业时，司机应在运行方向的前端操作，前方进路的确认由司机负责。机车牵引动车组运行时，按规定限速运行，应尽量避免使用紧急制动；若产生紧急制动后，司机应通知调车人员，由调车人员通知随车机械师对过渡车钩进行检查，确认过渡车钩良好后方可继续作业。

在不得已情况下必须在后端操作时，应指派随车机械师或其他胜任人员站在动车组运行方向的前端指挥，发现危及行车或人身安全的情况时，应立即使用紧急停车按钮（紧急制动装置）或通知司机停车。

4. 动车组转线

动车组转线是动车组列车停于站内到发线，发车前由于出发进路道岔故障，该线无法办理发车作业时，将动车组列车转入另一到发线，以便重新办理进路发车的调车作业。

由于高速铁路车站未设调车信号机、动车组列车编组较长等原因，动车组列车在站内转线时一般按正线越出站界调车办理。越出站界调车是受车站调车设备限制，在区间（自动闭塞为第一个闭塞分区）空闲的情况下，越过进站信号机或站界标进入区间调车的一种方法。由于是进入区间，不同于一般的站内调车作业，为了保证列车运行和调车作业的安全，越出站界调车应遵守以下规定。

① 办理越出站界调车进路时，进、出站信号机常态为灭灯的应点灯，由列车调度员发布准许越出站界调车的调度命令，司机根据调度命令和进、出站信号机的显示进行调车作业。

② 越出站界调车期间，相邻站（线路所）禁止向该区间放行列车。越出站界调车作业完毕，司机或调车指挥人应报告列车调度员（车站负责办理调车进路时为车站值班员或车务应急值守人员，车站值班员、车务应急值守人员应及时报告列车调度员），列车调度员通知两端站（线路所）后方可组织行车。

转线的动车组列车司机，关闭原出发端操作台，换另一端为列车出发端，并将列车运行模式转为调车模式。

5. 动车组出入检修库

动车段（所）一般设有检修库和停放动车组的车场。检修库内设调度员或调车区长，车场设值班员。动车组到发与停放共用的，车场值班员与车站值班员办理动车组出入段时，按接发列车作业程序办理；车场值班员与检修库调度员或调车区长办理动车组出入检修库时，按调车作业程序办理。动车段（所）内分别设有动车组到发场和动车组停放场时，到发场与车站按接发列车办理；到发场与停放场、停放场与检修库间，均按调车作业办理。

1）动车组入检修库

检修库调度员提前检查确认检修库内线路达到入库条件，开通对应入库表示灯，并将入库股道通知车场值班员。车场值班员办理入库进路后，动车组应在检修库入库信号机前一度停车，地勤司机与检修库调度员联控，再次确认进车条件，然后限速 10 km/h 按信号行车进入检修库，并按规定位置对标停车。

2）动车组出检修库

检修库调度员派人现场确认出库股道开通条件，并亲自通过监控系统确认，根据出库股道开通条件下达作业任务，派胜任人员与司机按规定撤除防溜措施。检修库调度员确认股道开通条件后，向车场值班员要道，并由车场值班员排列出库进路。检修库调度员根据进路开通情况，开放对应出库表示灯。动车组地勤司机与检修库调度员联控，再次确认出库条件后，按信号显示及有关速度规定出库。

6. 动车组与救援列车或机车的连挂与摘解

1）动车组与救援列车或机车的连挂

动车组是固定编组、单独运行，一般情况下不具备与其他机车车辆连挂的条件。使用过渡车钩连挂其他车辆，既影响作业效率，又容易发生碰撞和冲击，容易对动车组造成损伤。因此，动车组禁止连挂其他机车车辆调车。但是，遇动车组故障、连挂救援机车、动车组挂回送过渡车及动车组无动力调车等特殊情况时，动车组可使用过渡车钩与其他机车车辆连挂。

① 动车组在运行区间被迫停车需要救援时，动车组司机指挥随车机械师做好防护工作，使用动车组上配备的止轮器进行防溜，并做好动车组与机车连挂前的准备。动车组司机降下受电弓并操作"连挂准备"开关，打开连挂端头车前端罩盖，通知随车机械师准备工作完毕。随车机械师下车目视，确认动车组两受电弓均处于降下状态，确认连挂端头车罩盖打开，检查密接式车钩、电气连接器状态良好，确认救援旁通阀门正位，将过渡车钩安装在连挂端头车的密接式车钩上，确认过渡车钩与密接式车钩锁销相互咬合状态良好，然后安装制动软管，通知救援列车或机车司机，动车组司机准备工作完毕。

② 救援列车或机车司机将机车停在距离动车组 10 m 以上的位置，将机车车钩（15 号车钩）置于全开位，救援列车或机车司机通知动车组司机准备连挂。得到动车组司机可以连挂的通知后，救援列车或机车司机以不超过 5 km/h 的速度连挂动车组，连挂后试拉，确认连接良好。

③ 随车机械师检查救援列车或机车车钩与动车组过渡车钩连挂状态，连接救援列车或机车列车管与动车组制动管，打开动车组制动管和救援列车或机车列车管折角塞门，通知动车组司机、救援列车或机车司机连挂完毕。

2）动车组与救援列车或机车的摘解

① 当动车组停在区间或车站时，救援列车或机车司机操作列车停车后，通知动车组随车机械师使用动车组配备的止轮器进行防溜；当动车组停在动车段（所）、存放点时，通知地勤司机使用动车组上配备的止轮器进行防溜。

② 随车机械师或地勤司机按照要求在救援连挂端头车第 3 位车轮两端施加止轮器，并确认止轮器按照要求施加，关闭救援列车或机车列车管和动车组制动管折角塞门，摘解制动软管。

③ 救援列车或机车司机下车摘解车钩，移动救援列车或机车离开动车组。随车机械师摘下动车组制动软管，摘下过渡车钩，放回规定位置，然后由动车组司机关闭前端罩盖，断开制动指令转换器电源。

知识点 4　动车组以外的调车作业

动车组以外的调车作业是指除动车组自走行以外的调车作业，包括使用机车调车作业和使用机车调动动车组、自轮运转特种设备调车作业等。

1. 动车组以外调车运行凭证

动车组以外的调车作业，凭地面信号机的显示运行。调车作业过程中，如设有调车指挥人，则司机凭调车指挥人的指令和地面信号机的显示运行，没有看到调车指挥人的起动信号，不得动车。

2. 动车组以外调车信号的显示

调车作业过程中，调车人员须按规定正确、及时地显示信号，或使用无线调车灯显设备发出指令。司机须不间断地确认地面信号机和调车指挥人使用无线调车灯显设备发出的指令，并及时回示。

推进连挂车辆时，调车指挥人应根据停留车位置的距离，及时发出"十、五、三车"距离相应的指令。司机须时刻注意确认"十、五、三车"距离信号或无线调车灯显设备的指令并及时回示，同时按指令的要求正确控制速度。调车指挥人发出"十、五、三车"距离指令时，如发现司机未回示或没有按规定减速，应立即发出紧急停车指令。

推送车辆时，要先进行试拉以检查车钩连挂状态，防止车钩没有挂好，导致推进中车辆溜逸。车列前部应有人瞭望前方进路和距离，并及时发出指令。

当遇有天气不良、照明不足或因受地形地物影响而使调车指挥人确认停留车位置有困难时，应派人在停留车的停留端显示停留车位置信号。

3. 动车组以外调车进路的确认

调车作业过程中，调车机车司机和调车指挥人所处的位置及其具备的瞭望条件各有利弊。为了明确调车机车司机和调车指挥人在调车进路确认方面的分工，对动车组以外调车进路的确认，有关规章做出了明确规定，具体如下。

① 机车、自轮运转特种设备运行或牵引车辆运行时，前方进路的确认由司机负责，推进车辆运行时，前方进路的确认由调车指挥人负责。

② 在推进车辆运行中，调车指挥人应站在既便于确认前方进路，又能使司机看见其显示信号的位置。如两者不能兼顾时，调车指挥人应站在能使司机看见其显示信号的位置，车列前部可另派其他调车人员确认进路，并及时向调车指挥人使用无线调车灯显设备发出指令。

知识点 5　动车组、机车车辆及其他设备的停留、防溜

高速铁路列车运行速度高，为了保证动车组列车运行安全和有关作业的安全，对动车组和机车车辆的停留与防溜提出严格要求，并采取有力的安全防范措施。

1. 机车车辆的停留

不同的车辆在不同的高速铁路上停留，高速铁路《技规》第 320 条有明确规定，具体如下。

① 有动车组以外的旅客列车上线运行的高速铁路，在动车组运行时段，除动车组、旅客列车车底及本务机车外，车站正线、到发线不应停留其他机车车辆。特殊情况下确需在到发线停留时，由路局集团公司制定相应安全措施。

② 仅运行动车组列车的高速铁路，在动车组运行时段，车站正线、到发线不应停留动车组以外的其他机车车辆。特殊情况下确需在到发线停留时，由路局集团公司制定相应安全措施。

③ 临时停留公务车线路上的道岔应开通不能进入该线的位置并加锁。集中联锁的道岔可在控制台上进行单独锁闭。为了防止冲撞公务车，保证有关人员的正常工作和休息，对临时停留公务车的线路，应将两端道岔置于不能进入该线路的位置，并在控制台上进行单独锁闭，

且不能利用该线路进行与公务无关的调车作业。

④ 安全线上禁止停留机车车辆。安全线作为一种进路的安全隔开设备,不得停留机车车辆。

2. 动车组、机车车辆及其他设备的防溜

高速铁路车站内的线路基本都是正线和到发线,其他线路也都和正线或到发线衔接,动车组和其他机车车辆在线路上停留时,在外力的作用下,很有可能溜入正在进行接发列车作业的车站正线和到发线。因此,必须对动车组和机车车辆采取一定的防溜措施。

1) 动车组的防溜

(1) 车站内动车组的防溜。

动车组列车为固定编组,调车作业大多是自走行作业,且大多带有停放制动装置,可保证动车组在无动力情况下的停留安全。在特殊情况下人工防溜时,需使用动车组自配的专用止轮器。为了减少作业环节、消除结合部隐患,动车组防溜应优先使用停放制动装置。

动车组无动力停留时,有停放制动装置的动车组,由司机负责将动车组处于停放制动状态;动车组无停放制动装置或在坡度为20‰以上的区间无动力停留时,由司机通知随车机械师使用止轮器牢靠固定防溜。

重联动车组在设置止轮器防溜时,为减少作业环节和作业强度,仅在前列动车组设置止轮器防溜。

如遇特殊情况,需在同一到发线内停留两列不重联的动车组时,两列动车组之间应间隔不小于20 m的安全防护距离(动车段、动车所内的线路除外),并分别做好防溜措施。

(2) 动车段(所)内动车组的防溜。

由于动车段(所)设备及管理模式不尽相同,动车组在动车段(所)停留时的具体防溜办法由各路局集团公司根据实际情况规定,如西安路局集团公司西安北客站动车段对段内动车组的具体防溜规定如下:

① 在动车段(所)内,对有停放制动装置的动车组,施加停放制动进行防溜;对无停放制动装置的动车组,设置止轮器进行防溜;

② 动车段(所)内(检修库以外)动车组防溜的设置和撤除,由动车组地勤司机负责施加和释放停放制动,动车组机械师确认;

③ 在检修库内防溜的设置和撤除,由车辆部门负责;

④ 遇动车组停放制动装置出现故障时,动车组司机应立即向动车段(所)调度员报告,做好防溜作业,并在《动车段(所)动车组防溜登记表》中做好记录;

⑤ 车辆部门在检修库外处理好故障后通知机务部门,派人施加停放制动后撤除止轮器,车辆部门人员进行确认。

(3) 动车段(所)内其他设备的防溜。

动车组以外的机车、车辆及自轮运转特种设备在动车段(所)内的防溜工作,有调车组跟随作业时,由调车组负责停留车辆的防溜工作;无调车组跟随作业时,由相关使用单位负责停留车辆的防溜工作。

2) 车辆的防溜

对停于车站、动车段(所)内的车辆,在停留过程中应按以下规定进行防溜。

① 在站内、动车段（所）内停留的车辆，无论停留线路是否有坡道，均应将车辆连挂在一起，拧紧两端车辆的人力制动机或人力制动机紧固器防溜，并以铁鞋牢固固定。特殊情况下不能连挂在一起时，应分组采取防溜措施。

② 为了保证调车作业的安全和提高调车作业效率，一批作业中临时停留的车辆，须拧紧两端车辆的人力制动机或以铁鞋防溜。

③ 为消除隐患、减少作业环节，切实落实防溜责任，高速铁路调车作业实行"谁作业、谁防溜（撤除）"的原则，防溜措施的设置和撤除由调车人员（机车及自轮运转特种设备为司机，其他无调车人员的为设备使用单位人员）负责。

3）车站内其他设备的防溜

（1）机车及自轮运转特种设备的防溜。

机车及自轮运转特种设备停留在车站内时，由司机负责将其保持制动或防溜状态，并按有关规定采取止轮措施。

（2）施工的路用车辆及自轮运转特种设备的防溜。

为保证高速铁路列车运行安全，对于停留在站内用于施工的路用车辆及自轮运转特种设备，除按有关规定采取防溜措施外，使用该路用车辆及自轮运转特种设备的单位还应派人负责看守，并对其防溜措施进行检查和确认。

（3）其他车辆的防溜。

对于在站内到发线停留的其他车辆，应由车站人员（车务应急值守人员或其他胜任人员）对其防溜措施进行检查和确认。

3. 防溜器具管理

① 车站行车室必须配备足够良好的防溜器具，由车站值班员（车务应急值守人员）负责保管和交接。有关作业人员领取、使用、交回时，须办理登记交接手续，领取（交回）人与保管人共同清点数量、编号无误，确认状态良好后分别签认。

② 车站值班员（车务应急值守人员）须在行车室对停留车及其防溜情况进行揭示。作业人员采取或撤除防溜措施后，应立即告知车站值班员（车务应急值守人员），一批作业结束后双方进行签认。

③ 在高速铁路车站，必须加强对铁鞋的管理，车站与各单位轨道车配备的铁鞋必须独立编号，以便明确责任。

知识点 6 其他规定

① 在正线、到发线上调车时，须经过列车调度员（车站控制时为车站值班员）准许。

② 接发列车时，应按高速铁路《行车组织细则》规定的时间，停止影响列车进路的调车作业和对列车运行安全有影响的其他作业。

③ 接发旅客列车时，与接发列车进路没有隔开设备或脱轨器的线路，不准向能进入接发列车进路的方向调车。本务机车在停留线路内摘挂除外。

④ 同一股道只允许一端调车作业，禁止两端同时向同一股道排列调车进路。当排列接车进路后，禁止办理占用防护区段的调车作业。

⑤ 调车作业中，应执行钩钩联系制度：每钩作业前，司机（调车指挥人）应主动向列车调度员（车站负责办理调车进路时为车站值班员或车务应急值守人员）请求进路；进路

准备妥当后，列车调度员（车站值班员或车务应急值守人员）方可通知司机（调车指挥人）。

⑥ 越出站界调车时，必须区间（自动闭塞区间正方向为第一个闭塞分区）空闲，单线区间闭塞系统必须在发车位置；由列车调度员发布准许越出站界调车的调度命令后，方可进行。

实训 4

1. 案例分析：进站信号机不能正常开放

案例描述：2010 年 11 月 6 日 9：10，某城际铁路（CTCS-3 级，300 ~ 350 km/h 区段）G1602 次 E 站通过，9：13 列车调度员通过监视终端显示发现 G 站 G1602 次接车进路触发后，进站信号机显示红灯（引导信号能开放），助理调度立即通知电务驻调度所联络员，并在《行车设备检查登记簿》内登记，同时向调度所值班副主任汇报。

9：14，列车调度布置助理调度员开放引导信号接车。

9：16，列车调度员呼叫 G1602 次司机"G 站开放引导信号接车"。

9：22，G1602 次列车凭引导信号进站。

要求：对此案例中列车调度员的处置程序进行分析。

提示：本案例中，列车调度员发现进站信号机不能正常开放后，能够及时通知设备部门检查处理，同时布置助理调度员开放引导信号办理接车，助理调度员在《行车设备检查登记簿》内及时登记。处置程序正确，方法得当。值得注意的是：如未设引导信号或引导信号不能开放时，应在确认进路准备妥当后，发布准许越过该信号机的调度命令。

2. 案例分析：道岔失去表示

案例描述：2012 年 5 月 6 日 12：04，某高速铁路（CTCS-3 级，300 ~ 350 km/h 区段）甲站2/4号道反位中断表示，列车调度员立即通知工务、电务部门，登记《行车设备检查登记簿》。

12：27，列车调度员根据电务、工务部门的登记请求，发布 1071 号调度命令，封锁甲站2/4 号道岔，准许作业人员上道检查处理。

12：45，工务、电务销记设备正常；12：48，列车调度员发布调度命令开通 2/4 号道岔。

故障期间，D1003 次在甲站下行机外 12：07 停、12：53 开（下行方向有延续进路），D1004 次甲站上行机外 12：07 停、12：51 开。

要求：分析此案例中存在的问题。

提示：本案例中，列车调度果断正确执行了规章规定，保证了道岔失去表示后的故障处置及列车运行安全。但处置时间较长，导致上下行列车机外停车 44 min 和 46 min，对后续列车影响较大。

列车调度应首先通知工务、电务等设备单位上道检查处理，尽量在短时间内处理完毕，恢复道岔的正常使用。如故障暂时不能修复而需接车时，为缩短机外停车时间，确认工务人员设备正常的销记后，组织工务、电务人员检查、准备进路，听取故障道岔位置正确、加锁完毕、作业人员已撤至封闭网外，具备放行列车条件的报告后，列车调度员发布调度命令，允许列车越过进站信号机，可以缩短机外停车的时间。

【项目考核】

1. 理论考核

通过完成以下题目,获得理论考核成绩(见表4-6),满分60分。

(1) 简述高速铁路车站技术作业的主要内容。
(2) 自动闭塞区段高速铁路列车的行车凭证是什么?
(3) 高速铁路接发列车的作业程序是如何规定的?
(4) 如何对道岔进行加锁?
(5) 动车组调车作业包括哪些?如何进行?
(6) 如何对动车组采取防溜措施?
(7) 越出站界调车时要注意哪些问题?

表4-6 理论考核成绩表

题号	总分	得分	亮点
(1)	10分		
(2)	5分		
(3)	10分		
(4)	10分		
(5)	10分		
(6)	5分		
(7)	10分		
总分:		教师签名:	

2. 素质考核

通过考核以下项目,获得素质考核成绩(见表4-7),满分40分。

表4-7 素质考核成绩表

序号	评价内容(每项10分)	得分	亮点
1	出勤情况		
2	课前预习情况		
3	课堂表现		
4	任务完成情况		
总分:		教师签名:	

项目 5　高速铁路旅客列车开行方案与列车运行图

【项目描述】

根据世界各国建设高速铁路的模式，制定符合本国国情、路情的高速铁路运输组织模式，通过客流预测，确定旅客列车开行方案，编制列车运行图和动车组运用计划，是高速铁路行车组织的重要组成部分。

【知识目标】

(1) 了解国外高速铁路运输组织模式。
(2) 掌握我国高速铁路运输组织模式。
(3) 了解如何确定高速铁路旅客列车开行方案。
(4) 掌握高速铁路列车运行图编制要求。
(5) 明确高速铁路列车车次的规定。
(6) 掌握高速铁路维修天窗的特点。

【能力目标】

(1) 能够进行客流调查与预测，确定列车起讫点，计算列车开行对（列）数，设计列车停站方案等。
(2) 掌握正确计算高速铁路通过能力的方法。
(3) 能正确编制动车组运用计划。

任务 5.1　高速铁路运输组织模式

5.1.1　拟完成的任务

与世界其他国家高速铁路相比，中国高速铁路有显著不同，运输组织更为复杂。其复杂性表现在两方面：一是数量多、规模大；二是不同速度等级并存。只有针对中国高速铁路的特点，立足国情和路情，积极探索符合中国铁路特点的安全、高效的运输组织模式，才能为管好、用好世界上规模最大的高速铁路网奠定重要基础。

本任务理论学习完成后，将学生分为若干小组，每组 5~6 人，查阅高速铁路发展相关资料，讨论不同运输组织模式的适用条件，并对我国高速铁路运输组织模式进行探讨。

5.1.2 任务目的

（1）了解国外高速铁路运输组织模式的特点、成功经验。
（2）熟悉我国高速铁路发展现状及我国高速铁路运输组织模式。

5.1.3 所需设备

高速铁路沙盘。

5.1.4 相关配套知识

知识点 1　国外高速铁路运输组织模式

世界各国建设与发展高速铁路的模式不同，其运输组织模式各有差异，而且各有优缺点。

1. "全高速-换乘"模式

日本自 1964 年至 2002 年修建了 8 条高速铁路线路，都是国际标准轨，无法与既有线窄轨相连接。所以，日本新干线运输组织模式是全部运行高速动车组列车，而且新干线上没有跨线运行的其他列车。另外，由于日本 1/3 的人口集中在东京附近，所以不开行跨东京的列车，跨线出行的旅客只能采取换乘方式。这种模式的主要缺点是：无跨线运行的列车，运输能力不能充分利用；跨线客流需要换乘，延长旅行时间，部分旅客可能选择其他交通方式；其主要优点是：列车运行速度高，追踪间隔时间短，运输能力大；列车无越行，行车组织简单，管理方便。

为满足不同层次多样的客流需求，日本新干线开行列车呈现多样化的特点。以东海道新干线为例，开行了三种旅客列车：希望号、光号、回声号。希望号为特快列车，一般只在大站停车，在东海道新干线内最多只停东京、品川、新横滨、名古屋、京都及新大阪六个车站；光号为快速列车，一般在大站、重要车站停车，比希望号停站稍多；回声号为站站停列车。多样化的列车种类及停站方案，是日本新干线开行方案的显著特点。日本东海道新干线运营初期就确保 2 对/h、全天运营时间内开行 30 对的密度，目前新干线列车密度已高达平均 6～7 min 发出一列，扩大了旅客一日行动圈的活动范围，极大地方便了旅客的出行。

除了各时段列车开行密度有规律外，列车的出发时间也按一定的规律铺画。以东京站为例，其各类列车的发车时间如表 5-1 所示。

表 5-1　东京站各类列车的发车时间

列车种类	发车时刻	发车规律	每小时列数
希望号	*：00；*：10；*：13；*：20； *：30；*：40；*：50；	每隔 10 min 发出 1 列，高峰时段加开 2～3 列	8
光号	*：03；*：33	每个时间点固定时刻开行两列	2
回声号	*：26；*：56	每个时间点固定时刻开行两列，晚高峰时段适当加开 1 列	2

注：表中数据统计于 2010 年 1 月 7 日日本铁路（工作日）时刻表。

2. "全高速 – 下线运行"模式

1）法国

法国 6 条高速铁路（不包括巴黎联络线），以巴黎为中心向四周辐射，能通往 6 个方向的不同地区和城市（包括比利时、荷兰、瑞士、意大利等国家的城市），并与既有线相连接。TGV 列车在高速线上运行一段或全段后，可以驶入既有线以 160 km/h 速度继续运行至终点，高速列车下线运行是其运输组织模式的主要特点。法国的高速线虽然只有 1 923 km，但 TGV 高速列车通达范围可达到 7 000 km 以上。几乎所有 TGV 列车都下线运行，使许多没有高速铁路的城市也能通达高速列车。法国 TGV 高速铁路系统运输组织模式可以归纳如下。

① "纯高速"方案。新建客运专线，在新建的高速铁路上只运行 TGV 高速列车，最高速度从东南线的 270 km/h 发展到大西洋线的 300 km/h，又发展到东部线的 350 km/h。

② "下线"模式。新线与既有线兼容，TGV 高速列车在高速线上行驶一段后驶入既有线，在普通铁路上以 160～220 km/h 速度继续运行，如巴黎东南线长 417 km，而 TGV 列车运行里程达 2 640 km，通达法国南部各主要城市，运行距离延长近 5 倍。采用这种"下线运行"的模式，延长了 TGV 高速列车的运行距离，拓展了其通达范围，从而减少了旅客换乘次数，扩大了客流吸引范围。这样的组织方式，既可以发挥新线通过能力，也能充分利用既有线的基础设施。

③ 模式化运行。采取基于客运量的运输模式，根据客流量大小配备相应的列车对数，制订合理的开行方案。在一天合理时段内（如东南线上巴黎始发列车的开行时间范围为 6：00—22：00），列车运行间隔疏密有别，如东南线 6：30—8：30 的高峰时段，每 15 min 发出 1 列车，甚至采取两组列车重联的方式，以提高运输能力。

"全高速 – 下线运行"模式，不仅保留了日本"全高速"的优点，而且克服了"换乘"的缺点。但是需要较多的高速动车组车底，而且要求高速线与既有线兼容，可能会增加运营成本。除此之外，法国还采用其他一些运营组织措施，具体如下。

① 推行代理制。法铁各局的车票发售普遍推行代理制，其中自售占 80%，代售占 20%。此外，还推行旅客家中购票服务项目，以满足用户的要求，1997 年仅此一项每天就售出 1 700 张车票。

② 新的票价结构。为使铁路客运更方便、更便宜，法铁于 1997 年 6 月开始推行新的票价结构，倡导乘车者使用绿色车票，经常乘车者使用纸卡票；对 12～15 岁年龄组青年，对 2 人共同旅行或带 1 名 4 岁以下乘客提供减价票。

③ 枢纽内不同车站合理分工。法国高速铁路网的特点是以巴黎为中心，向东、南、西、北各个方向辐射，在巴黎和里昂地区设有联络线，北方线列车可通过巴黎联络线绕道转至东南线。在巴黎市内设有 4 个车站，分别负责东南线、大西洋线、北方线和东部线高速列车的始发、终到，4 个车站之间通过极为发达的城市地铁连接。

④ 开展多式联运。法铁提出"视同行为合作伙伴"的经营思想，与航空、地铁、汽运合作开展多式联运。如与 SNCF 在各地设立的众多子公司签订协议，为旅客提供各类服务；在图卢兹市区开辟环城线路，在 2 个小镇之间每天开行 14 个往返车次，形成"市区列车 + 地铁"的运输系统。

2）西班牙

西班牙的高速铁路是按高、中速旅客列车共线混跑设计的。马德里—塞维利亚高速铁路每天开行高速列车 74 列，其中有 56 列是 AVE 高速列车，另有 18 列摆式动车组列车以 200 km/h 的速度从马德里运行至塞维利亚后，下到既有线以 160 km/h 速度运行至终点城市，其运行组织模式与法国相似。

3. "客货混运"模式

1）德国

德国建设高速铁路，特别强调扩大运输能力，改善运输质量，消除运输瓶颈。它的高速铁路由两部分组成，一是改造既有线，将列车最高运行速度提至 200 km/h；二是新建 4 条高速线，前三条均为客货混用，只有 2002 年 12 月投入运营的第 4 条线——科隆至法兰克福的高速线才是客运专线。在"客货混运"模式下，高速线上既要运行速度 250～300 km/h 的 ICE 和 IC 系列列车，又要运行速度 80～120 km/h 的货物列车，行车密度大。为了扩大高速铁路服务范围，尽管旅客可以在路网枢纽站站台直接换乘，但是仍有大量高速列车下线至既有线运行。

2）意大利

意大利高速铁路主要运行速度为 250～300 km/h 的 ETR 动车组列车、120～160 km/h 的常速旅客列车和快运货物列车，但速度为 80～120 km/h 的普速货物列车不能上高速线。其运输组织模式基本上属于"客货混运"。有一部分在高速线上运行的高速列车要下线到 160～200 km/h 的既有线继续运行至一些不在高速线上的城市。

3）瑞典和英国

瑞典和英国基本上不新建高速线，只对既有繁忙干线进行局部改造，利用摆式动车组将旅客列车速度提高至 200 km/h。其运输组织模式与德国"客货混运"相似。高速铁路组织不同速度客货列车共线运行的模式，适用于既有线改造而成的高速线。其主要优点是改建比新建工程投资少，线路通过能力利用率高；主要缺点是客货列车速差大，列车越行次数多，旅行时间长，通过能力扣除多，行车组织复杂，工作难度大。

综上所述，可以得到以下结论：由于各国国情、路情的不同，其运输组织方式也不尽相同。日本、法国、西班牙为纯高速型的客运专线，而德国、意大利则为客货混运型的高速铁路，见表 5-2。

表 5-2　国外主要国家高速线的修建模式及其运输组织模式

线路类型	全部新建	新建与改造结合	仅改造旧线
客运专线	日本、西班牙	法国	
客货混运	意大利	德国	瑞典、英国

知识点 2　我国高速铁路运输组织模式

截至 2017 年年底，我国已建成并投入运营的高速铁路 2.5 万 km，堪称世界第一。但是，"四纵""四横"与各城际线间尚未完全贯通、连接成网，而且速度等级不同，结构比较复杂。

这些新线的高速线路按速度等级和运输组织模式不同，可划分为 4 个不同类型：一是 300 km/h 及以上客运专线，不同速度的动车组列车共线运行；二是 200～250 km/h 客运专线，高速动车组列车与普速旅客列车共线运行；三是 200～250 km/h 客货混跑的线路，高速、普速旅客列车与货物列车共线运行；四是多数城际高速铁路，仅运行速度相同的动车组列车。由此可见，我国新建不同速度等级的高速铁路，运输组织模式虽然有所不同，但是前3种都属于"不同速度列车共线运行"模式。这四种运输组织模式都有自己的特点。

1. 300 km/h 及以上客运专线

采用300 km/h "G"字头与200～250 km/h "D"字头动车组列车共线运行模式。如京沪、京广高速铁路，既开行"G"字头列车，又开行"D"字头列车，"D"字头与"G"字头列车共线运行，既保留了较高的列车运行速度和较小的列车追踪间隔时间，基本上不会发生列车越行；又可充分利用区段通过能力，增加高速铁路列车直达率，跨线客流无须换乘，从而缩短旅行时间。为增加高速列车直达率，避免旅客换乘，缩短旅行时间，在京广线上运行的部分"G"字头列车，运行至衡阳时，下线到160～200 km/h 的线路上运行至桂林，再以250 km/h 速度运行至南宁等城市。

2. 200～250 km/h 客运专线

采用"D"字头列车与普速旅客列车共线运行的模式。例如，武汉—宜昌客运专线，为充分利用区段通过能力，2015年高峰运行图开行"D"字头列车22对，普速旅客列车6对。又如，兰州—西宁—乌鲁木齐客运专线，在运营初期，为减轻既有线（兰新线）运输能力紧张状况和提高兰新客运专线能力利用率，兰新客专列车运行图开行"D"字头列车25.5对、普速旅客列车和检测列车9.5对。

客运专线网的建成，将奠定我国现代化进程中最核心、最根本的基础，促进以三大经济圈为主体、其他城市群为节点的经济联系和区域交流。一方面，可以实现我国铁路主要通道的客、货分线，困扰多年的繁忙干线运输能力紧张问题将从根本上得到解决；另一方面，以此为主体，配合其他线路，我国铁路快速客运网将基本形成，可以大大缩短城市间的时空距离，给人们出行带来极大的便利。

3. 200～250 km/h 客货共线模式

采用旅客列车与货物列车共线运行的模式。如石太客运专线，为减轻既有石太旧线运煤通道能力紧张的压力，在保证"D"字头列车和"Z""T""K"字头旅客列车开行对数的情况下，部分开行"X"字头和"五定"快运货物班列。又如温福、福厦客运专线，为了缩短浙、闽、粤三省沿海城市客货运输里程，在保证动车开行90对的情况下，还开行普速客货列车10对。南昌至福州客运专线，为减轻鹰厦既有线能力紧张的压力，充分利用客运专线铁路通过能力，也开行部分普客和货物列车。

上述两种模式的主要优点是：能提高客运专线通过能力利用率，缩短运输里程或减轻既有线能力紧张压力。主要缺点是速差较大，列车越行较多，行车组织工作难度大，能力扣除系数大。

4. 城际高速铁路

城际高速铁路多采用"动车组专线运行"模式。如北京—天津、上海—杭州城际铁路，只运行300 km/h 动车组列车；广深、广珠城际铁路仅运行250 km/h 动车组列车；南京—上海城际铁路，本线运行300 km/h 动车组列车95对，跨线运行250 km/h 动车组列车25对。

以上四种运输组织模式均处于试行阶段。应鼓励各路局集团公司大胆试验，进行科学创新，不断总结经验，不断进行完善。

截至2017年年底，我国200 km/h 及以上速度等级的铁路和客运专线运营线路共计92条

（段），运营里程接近3万km，居世界第一位，如表5-3所示。

表5-3　2017年年底我国200 km/h及以上速度等级的铁路和客运专线营业里程

序号	线路名称	起讫点	里程/km	设计时速/km	开始运营时间
1	秦沈城际铁路	秦皇岛—沈阳北	404	200	2003.10.12
2	合宁铁路	合肥南—南京南	166	250	2008.04.18
3	京津城际铁路	北京南—天津	119	350	2008.08.01
4	胶济铁路	青岛—济南	363	250	2008.12.20
5	石太铁路	石家庄—太原	225	250	2009.04.01
6	合武高铁	合肥—武汉	357	250	2009.04.01
7	达成铁路	达州—成都	374	200	2009.07.07
8	甬台温铁路	宁波—台州—温州	283	250	2009.09.28
9	温福铁路	温州—福州	298	250	2009.09.28
10	武广高铁	武汉—广州	1 069	350	2009.12.26
11	郑西高铁	郑州—西安	485	350	2009.12.26
12	福厦铁路	福州—厦门	273	250	2010.04.26
13	成灌城际铁路	成都—青城山	65	200	2010.05.01
14	沪宁城际铁路	上海—南京	301	350	2010.07.01
15	昌九城际铁路	九江—南昌西	132	250	2010.09.20
16	沪杭城际铁路	上海—杭州	160	350	2010.10.26
17	宜万铁路	宜昌东—万州	377	250	2010.12.22
18	长吉城际铁路	长春—吉林	96	250	2010.12.30
19	海南东环铁路	海口—三亚	308	250	2010.12.30
20	京沪高铁	北京—上海	1 318	350	2011.06.30
21	广深高铁	广州南—深圳北	102	350	2011.12.26
22	龙厦铁路	龙岩—厦门	171	200	2012.06.30
23	汉宜铁路	武汉—宜昌	293	200	2012.07.01
24	郑武高铁	郑州东—武汉	536	350	2012.09.28
25	合蚌高铁	合肥—蚌埠	131	350	2012.10.16
26	哈大高铁	哈尔滨—大连	921	350	2012.12.01
27	京石郑高铁	北京西—郑州	693	350	2012.12.26
28	广珠城际铁路	广州南—珠海	144	200	2012.12.30
29	宁杭铁路	南京—杭州	249	350	2013.07.01
30	杭甬铁路	杭州—宁波	150	350	2013.07.01
31	盘营铁路	盘锦—营口	90	350	2013.09.12
32	向莆铁路	向塘—莆田	632	200	2013.09.26
33	津秦高铁	天津—秦皇岛	257	350	2013.12.01
34	厦深高铁	厦门—深圳	502	250	2013.12.28
35	西宝高铁	西安—宝鸡	138	350	2013.12.28
36	渝利铁路	重庆—利川	264	200	2013.12.28
37	茂湛铁路	茂名—湛江	103	200	2013.12.28
38	柳南客运专线	柳州—南宁	227	200	2013.12.28

续表

序号	线路名称	起讫点	里程/km	设计时速/km	开始运营时间
39	衡柳铁路	衡阳—柳州	498	200	2013.12.28
40	广西沿海高铁	南宁—钦州—北海	262	250	2013.12.28
41	武咸城际铁路	武汉—咸宁	90	200+	2013.12.28
42	成灌铁路彭州支线	郫县西—彭州	21	200	2014.04.30
43	武黄城际铁路	武汉—大冶北	97	250	2014.06.18
44	武冈城际铁路	葛店南—黄冈东	36	250	2014.06.18
45	大西高铁太原南至西安北段	太原南—西安北	570	250	2014.07.01
46	合肥铁路南环线	肥东—长安集	40	200~250	2014.11.12
47	杭长高铁	杭州东—长沙南	933	350	2014.12.10
48	成绵乐客专	江油—峨眉山	313	250	2014.12.20
49	兰新铁路第二双线	兰州西—乌鲁木齐	1 776	200~250	2014.12.26
50	贵广铁路	贵阳北—广州南	857	250	2014.12.26
51	南广铁路	南宁—广州南	577	250	2014.12.26
52	郑开城际铁路	郑州东—宋城路	50	200	2014.12.28
53	青荣城际铁路	青岛—荣城	299	250	2014.12.28
54	兰渝铁路重庆北至渭沱段（客线）	重庆北—渭沱	71	200	2015.01.01
55	沪昆高铁新昆西至贵阳北段	新昆西—贵阳北	286	300	2015.06.18
56	郑焦铁路	郑州—焦作	78	250	2015.06.26
57	合福高铁	合肥南—福州	850	350	2015.06.28
58	哈齐高铁	哈尔滨—齐齐哈尔南	282	250	2015.08.17
59	沈丹高铁	沈阳南—丹东	208	250	2015.09.01
60	吉图珲高铁	吉林—图们—珲春	361	250	2015.09.20
61	京津城际铁路延伸线	天津—于家堡	45	350	2015.09.20
62	宁安高铁	南京南—安庆	258	250	2015.12.06
63	南昆客专南百段	南宁—百色	223	250	2015.12.11
64	丹大快速铁路	丹东—大连	292	200	2015.12.17
65	成渝高铁	成都东—重庆	308	300~350	2015.12.26
66	金丽温铁路	金华—温州南	188	200	2015.12.26
67	赣瑞龙铁路	赣州—龙岩	273	200	2015.12.28
68	津保铁路	天津—保定	158	200~250	2015.12.28
69	牡绥铁路扩能改造工程	牡丹江—绥芬河	139	200	2015.12.28
70	海南西环高铁	海口—三亚	345	200	2015.12.30
71	郑机城际铁路	郑州东—新郑机场	43	200	2015.12.31
72	娄邵快速铁路	娄底—邵阳	93	200	2016.01.06
73	佛肇城际铁路	肇庆—佛山西	83	200	2016.03.30
74	莞惠城际铁路	望洪站—小金口站	100	200	2016.03.30

续表

序号	线路名称	起讫点	里程/km	设计时速/km	开始运营时间
75	宁启铁路复线	林场—南通	268	200	2016.05.01
76	郑徐高铁	郑州东—徐州东	362	350	2016.09.10
77	渝万铁路	重庆北—万州北	247	250	2016.11.28
78	武孝城际铁路	汉口—孝感东	62	200~250	2016.12.01
79	长株潭城际铁路	长沙—湘潭	104	200	2012.12.26
80	兰渝铁路岷县至广元段	岷县—广元	293	200	2016.12.26
81	南昆客运专线百昆段	百色—昆明南	487	250	2016.12.28
82	沪昆高铁云南段	贵阳北—昆明南	529	350	2016.12.28
83	宝兰高铁	宝鸡—兰州	401	250	2017.07.09
84	张呼高铁乌兰察布至呼和浩特东段	乌兰察布—呼和浩特东段	126	250	2017.08.03
85	武九客运专线	湖北武汉站—江西九江站	224	250	2017.09.21
86	兰渝铁路	兰州—重庆	886	160~250	2017.09.29
87	西成高铁	西安北—成都东	658	250	2017.12.06
88	长株潭城际西线	开福寺—长沙西	22	200	2017.12.26
89	萧淮客运联络线	萧县—淮北	27	250	2017.12.28
90	九景衢铁路	九江—衢州	333	200	2017.12.28
91	莞惠城际铁路	常平东—道滘站	44	200	2017.12.28
92	石济高铁	石家庄东站—新济南东站	319	250	2017.12.28

说明：本表统计的中国高速铁路运营总里程为设计时速 200 km 及以上等级的铁路和客运专线，不包含货运线路。

任务 5.2　高速铁路旅客列车开行方案

5.2.1　拟完成的任务

确定高速铁路列车开行方案要符合旅客出行规律，最大限度地方便旅客，尽可能减少旅客换乘次数，缩短旅行时间，提高服务质量，吸引更多客流，提高列车上座率；充分利用通过能力，合理确定各种列车开行的对（列）数和编组辆数（定员数），合理使用动车组，提高铁路经济效益和社会效益。

本任务理论学习完成后，将学生分为若干小组，每组 5~6 人，模拟进行高速铁路客流调查，并设计列车站停方案。

5.2.2　任务目的

掌握客流调查与预测、确定列车起讫点、计算列车开行对（列）数、设计列车停站方案的方法。

5.2.3 所需设备

高速铁路沙盘。

5.2.4 相关配套知识

高速铁路旅客列车开行方案的内容包括列车车次（等级）、起讫点站名、开行对（列）数、途中停站站名、编组辆数（定员）和车底运用等，是编制列车运行图和动车组运用计划、进行调度指挥的基础，是高速铁路旅客运输和行车组织的核心。

知识点 1 客流调查与预测

编制高速铁路旅客列车开行方案的步骤主要包括：客流调查与预测，确定列车起讫点，计算列车开行对（列）数，设计列车停站方案等。

客流调查与预测非常重要，要有专门的机构人员负责。客流调查是在高速铁路吸引范围内详细调查公务、商务、旅游、探亲等旅客出行的要求，学生流、民工流的流向和流量。在客流调查的基础上，采用历年统计资料和问卷调查等手段，预测未来年度高速铁路客流总量，其中平常、周末和节假日客流变化规律和各次列车上座率情况，为编制高速铁路旅客列车开行方案，提供比较准确的客流资料。

随着国民收入水平逐年提高，带薪年休假制度强制执行，旅游、探亲客流将逐年增加；2020 年前，城镇化进程加快，农村劳动力转移的民工流将逐年减少；随着"一带一路"建设的大力推进，国外旅游、商务客流也会逐年增加。这些客流的变化及其对高速铁路客流的影响，都需要认真调查、分析，才能得出比较准确的预测数据。

旅客出行选择交通方式时，主要考虑安全、快捷、舒适、票价，具体如下。

① 公务、商务旅客出差费用可以报销，无须考虑票价。

② 中、短途旅客，多数选择高速铁路，少数选择民航。

③ 长途旅游、探亲的客流中，收入较高的旅客多数选择高速铁路或民航，少数选择普铁；收入较低的旅客多数选择普速铁路，少数选择高速铁路。

④ 短途旅游、探亲的旅客，有私家车的人，因节假日高速公路免收通行费，多数自驾车出行，少数乘高速铁路列车；收入低的人，多数乘坐高速公路汽车或普速铁路列车，少数乘高速铁路列车。

⑤ 民工和低收入旅客，因高速铁路票价较高，只有在春节期间因买不到普速铁路车票才乘坐高速铁路列车回家过年。

⑥ 少部分家庭经济富裕的学生，不愿意团体购票乘坐普速铁路硬座而购买高速铁路票回家。

目前，我国不同地区经济发展不平衡，国民收入存在较大差距，以及消费观念的差别，对高速铁路票价承受能力各不相同。北、上、广、深、杭、宁等沿海经济发达地区，国民收入较高，高速铁路客流较多，高速铁路线路和开行动车组列车较多，上座率也较高。

随着我国高速铁路逐步建设成网，其吸引的客流范围也将发生变化。例如，在徐兰高速铁路宝鸡至兰州段未建成前，西郑高速铁路西安北站始发与终到的客流，只有西安地区和陕西省境内始发与终到北京、广州、上海方向的客流。宝鸡至兰州段建成并投入运营后，增加了甘肃、青海、新疆、西藏等省的中转客流。这些不断变化的情况，在客流调查与预测过程中，都需认真调查，深入分析，力求预测准确。

此外，互联网大数据也可作为客流调查的参考。

知识点2　确定列车起讫点

编制高速旅客列车开行方案，确定列车起讫点时，应考虑以下条件。

1. 应具备动车组维修与养护条件

动车组列车起讫点应具备必要的检修条件，保证动车组列车的日常维修与养护检查，确保动车组运行安全；减少动车组进出检修基地的走行时间，提高动车组运用效率。

目前，我国高速铁路每日固定开行的动车组列车的起讫点绝大多数都有动车段（所），个别起讫点暂不具备检修条件，可按交路折返回到检修基地进行检修。例如，广珠城际高速铁路，广州南—新会每日开行25.5对动车组列车，新会不具备检修条件，按检修周期返回广州南进行检修。周末和节日才开行的短途动车组列车，到终到站后一般都立即折返到始发站检修。

2. 应选择客流量大、设施完善的大型客运站

如京沪线的北京、天津、济南、青岛、南京、上海，京广线上的石家庄、郑州、武汉、长沙、广州、深圳，杭深线上的杭州、宁波、福州、厦门，这些特大型、大型城市经济发达，人口众多，人均收入水平较高，乘坐高速铁路出行的客流量大。大型客运站站场设备、旅客服务设施和动车组维护设备齐全，最符合长途直达动车组列车始发、终到站条件。

3. 始发客流量（上座率）应满足列车开行条件

"按流开车"是确定列车开行的基本原则。划定起讫点客流量时，不仅要考虑起讫点本身的直达客流，而且要考虑归并后的客流。例如，西安北开往深圳北的直达客流量，如只考虑西安地区的客流，量小就不能直达深圳，只能开西安北至广州南的列车。如把陕西省各地市的客流归并进来，使直达客流高度集中后，其客流量就能满足开行西安北—深圳北长途直达列车条件。既能减少换乘时间，方便旅客出行，又能充分利用起讫点的客运能力，提高经济效益和社会效益。

4. 应符合最优径路条件

高速铁路网上，起讫站间可能有若干条径路，应选择输送能力大、运输距离或旅行时间短、中转换乘次数少、运输费用低的最优径路，方便旅客快捷出行，吸引更多客流，提高上座率，获得更好的经济效益与社会效益，例如西安至北京的动车组列车有两条径路：一条经郑州东，一条经太原南，经技术经济分析比较，选定经郑州东。

5. 应结合既有线列车起讫点

我国高速铁路列车起讫点，可以选择一部分既有线列车的起讫站。如京津城际的天津站，沪宁城际的南京站，京广线的北京西站，京沪线的上海站、广深线的广州站、广州东站等。这些车站具有完善的客运设施可供利用，并与城市公共交通衔接紧密，既方便旅客出行，又能节省新建高速铁路车站的大笔投资。

6. 起讫点间旅行时间应不超过8 h

据调查了解，旅客乘坐无卧铺动车组列车时：

① 超过 4 h 会感觉不舒服；
② 超过 6 h 会觉得很困，公务、商务旅客会选择乘坐民航飞机出行；
③ 超过 8 h，感觉受不了，旅游、探亲的旅客会选择飞机、卧铺出行。

旅行时间超过 8 h 的长途动车组列车，如乌鲁木齐至北京、上海、广州，哈尔滨至广深、福厦，不但旅行时间远远超过 8 h，往返走行公里也超过动车组一级检修里程〔（4 000 ± 400）km〕，还得解决跨局进行动车组检修的难题。

知识点 3　确定列车开行对数

确定列车开行对数是编制列车开行方案的重要环节。对满足旅客出行需求、有效利用铁路运力、降低运输成本、保证客运服务质量、提高经济与社会效益等方面，都具有重要的作用。

列车开行对数是在确定客流总量和列车起讫点以后，根据列车运行区段客流密度、列车定员、平均上座率和客流波动等因素，经过计算确定。根据"按流开车"的原则，首先确定大流量客流需要开行的列车对数，然后将零星客流和剩余客流合并，再计算这部分客流需要开行的列车对数。列车起讫点不同，客流密度不同，各类动车组编组辆数、客座定员也有所不同，要根据具体情况分别计算。

我国制造的动车组有 8 辆和 16 辆两种。其中 8 辆的动车组，一般单独开行，根据需要也可以重联开行。因此，各起讫点间开行的列车数量，要经过分析客流密度、计算大流、合并小流，考虑客流波动后再按编组辆数、客座定员数、平均上座率等因素计算，最终才能将客流转化为列车流。

我国客流波动性在日常（周一到周四）、周末（周五至周日）、节假日及大、小长假表现明显，尤其是春节期间学生流、民工流、探亲流严重叠加。为了满足旅客出行要求，周末和节假日比日常要多开列车。高速铁路旅客列车开行对数，一般按节假日高峰期最大客流量确定，并据此编制基本运行图。周末、平常客流量较小时，采取抽减列车运行线方式，从而减少列车开行对数。例如，京沪线 2011 年 12 月发布的列车开行方案，基本图 92 对，周末开行 85 对，日常开行 78 对。京津城际客运专线 2011 年 8 月发布的列车开行方案，基本图 100 对，周末开行 80 对，日常开行 70 对。

知识点 4　设定列车停站方案

影响列车停站方案的因素较多，不同的停站次数，对旅客出行需求和铁路效益会有不同的影响。减少停站次数，能缩短旅行时间，加快动车组周转，对长途旅客和铁路部门都有好处。增加停站次数，对满足中短途旅客出行需求、提高列车上座率有利，但会降低列车旅行速度，延长长途客流的旅行时间和动车组周转时间，使"高速"失效，对长途旅客和铁路部门不利。因此编制列车停站方案，既要保证旅客出行需求，又要兼顾铁路部门经济效益。尽可能做到旅客、地方政府、铁路部门都比较满意。

目前，我国高速铁路动车组列车停站方案有以下几种模式。

1. 一站直达，中途不停

这种模式适用于客流集中在列车起讫站、旅行时间不超过司机乘务时间的区段。例如，沪宁城际高速铁路，运营里程 301 km，2010 年 6 月公布的列车开行方案，本线开行 300 km/h

"G"字头列车95对，其中南京—上海虹桥48对，南京—上海22对，属于一站直达。

2. 长途直达，省会城市停站

京沪、京广直达客流虽然很大，但运营里程较长，旅行时间超过司机一次乘务时间，中途需要更换司机。例如北京南—上海虹桥的长途直达列车，有2对只在南京南一站停车，有6对在省会城市济南西、南京南停站2次。北京西—广州南的长途直达列车，最少要在武汉停站1次，一般安排在郑州、武汉、长沙3个省会城市停车。

3. 省际直达，地市级城市交错停站

目前，我国省会城市基本上都通高速铁路，省间大量开行直达列车。如南宁—广州省际直达列车，在贵港、梧州、肇庆、佛山停站或交错停站；西安北—郑州的高速铁路列车，安排在渭南、三门峡、洛阳等地级市停站。

4. 中、短途区段列车，县级城市站站停或交错停站

为满足绝大多数旅客乘坐高速铁路列车出行的需求，培育县级市场，开行了一些中、短途高速铁路客运列车。例如，京广线，可在北京—石家庄—郑州、郑州—武汉—长沙间开行为县级城市服务的中、短途高速铁路区段列车，满足绝大多数旅客乘坐高速铁路列车出行的需求，对培育市场、提高效益都大有好处。但是，数量不宜太多，以防止"高速"失效。

编制高速铁路旅客列车开行方案时，还需根据大型会议、重要赛事和旅游旺季等客流变化情况，及时增开各种动车组列车，满足旅客出行的需要。例如，2015年秋季广交会期间，北京西—广州南每天开行5对夕发朝至的动车组列车。

任务 5.3　高速铁路列车运行图

5.3.1　拟完成的任务

高速铁路列车运行图的意义、原理、内容、编制程序和铺画运行线方法等与普速铁路基本相同，本任务中仅分析、对比高速铁路与普速铁路维修天窗、通过能力计算的不同之处。

本任务理论学习完成后，将学生分为若干小组，每组5~6人，讨论与普速铁路相比，高速铁路在维修天窗、通过能力计算方面的不同之处。

5.3.2　任务目的

（1）熟悉高速铁路列车运行图编制要求。
（2）明确高速铁路列车车次的有关规定。
（3）掌握高速铁路维修天窗的特点。
（4）掌握正确计算高速铁路通过能力的方法。
（5）会编制动车组运用计划。

5.3.3　所需设备

高速铁路沙盘。

5.3.4 相关配套知识

高速铁路列车运行图是高速铁路行车组织工作的基础。所有与列车运行有关的铁路部门，必须按照列车运行图的要求，组织本部门的工作，以保证列车按列车运行图运行。高速铁路列车运行图应根据客流量、区段通过能力等因素确定列车对数。

知识点 1　高速铁路列车运行图及其编制要求

1. 高速铁路列车运行图

高速铁路列车运行图的意义、原理、内容、编制程序和铺画运行线方法等与普速铁路基本相同，都是运用坐标原理对列车运行时间、空间关系进行图解表示，以水平线表示车站（线路所）、垂直线表示时分、斜线表示列车运行线，示例如图 5-1 所示。

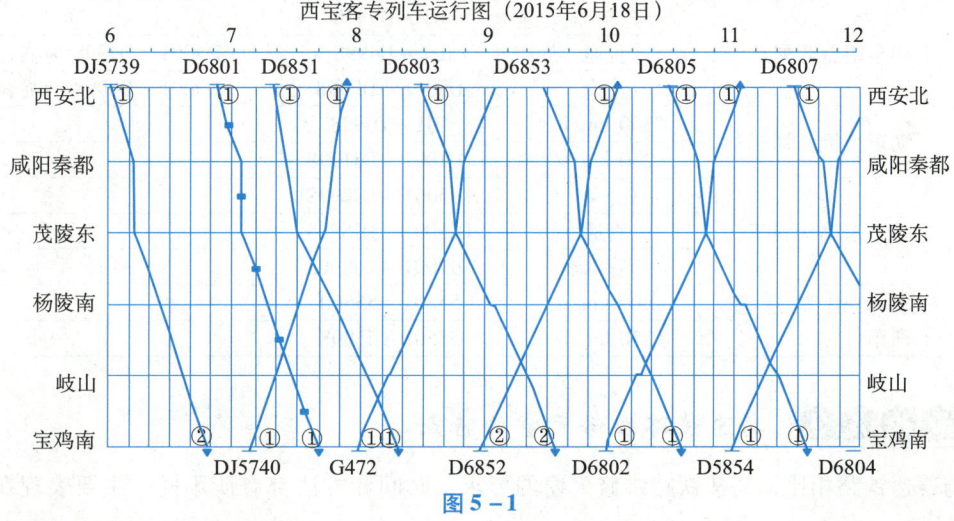

图 5-1

高速铁路列车运行图主要有三种：一是节假日使用的列车对数最多的运行图，又称为基本运行图或高峰运行图；二是周末（周五至周日）使用的运行图，它是从基本运行图中抽减一定数量运行线后列车对数较少的运行图；三是日常（周一至周四）使用的列车对数最少的列车运行图。例如，京沪高速铁路，节假日使用的基本图 92 对，周末开行 85 对，日常开行 78 对；京津城际高速铁路在基本运行图 100 对的基础上，采取按动车组交路停运方式编制 70 对日常使用的分号运行图、80 对周末使用的分号运行图，节假日根据电报公布使用 90 对或 100 对分号图。

2. 高速铁路列车运行图的编制要求

① 区间运行、列车追踪间隔、车站间隔、列车接续或折返等技术作业时间标准。

② 迅速、便利地运输旅客，确定行车量和列车性质时，应贯彻"长短分工、快慢分工"原则，合理规定停站次数和时间。

③ 充分利用高速铁路通过能力，经济合理地运用动车组，按规定安排施工与维修共用的综合天窗，确保施工、维修作业安全。

④ 做好列车运行线与客流、旅客出行规律的结合，减少旅客换乘次数和时间，提高列车上座率。

⑤ 保证各站、各区段的协调和均衡,合理安排各站停站频次和间隔。
⑥ 合理安排乘务人员作息时间,保证不超劳。

知识点2 高速铁路列车的车次

高速铁路列车类型、类别不同,车次编排范围也不相同,具体编排规定如表5-4所示。

表5-4 高速铁路列车车次编排表

序号	列车类型	类别	车次范围	备注
1	高速动车组旅客列车		G1～G998	
		直通	G1～G4998	G401～G4998 为临客
		管内	G5001～G9998	G9001～G9998 为临客
2	城际动车组旅客列车		C1～C9998	C901～C9998 为临客
3	动车组旅客列车		D1～D9998	
		直通	D1～D4998	D4001～D4998 为临客
		管内	D5001～D9998	D9001～D9998 为临客
4	动车组检测列车	300 km/h	DJ1～DJ998	
		250 km/h	DJ1001～DJ1998	
5	动车组确认列车		DJ5001～DJ8998	
		直通	DJ5001～DJ6998	
		管内	DJ7001～DJ8998	
6	动车组试运转列车	300 km/h	55301～55500	
		250 km/h	55501～55998	

知识点3 高速铁路维修天窗的特点

与普速铁路相比,高速铁路维修天窗的要求、时间和方法都有所不同,主要表现在以下5方面。

1. 作业要求不同

普速铁路利用天窗时间进行日常维修,作业要求简单,设备大修另行安排。高速铁路设备多属高科技产品,结构复杂,有关部门在进行日常维修时,须使用专门设备进行接触网检修、列控系统测试、线路养护与钢轨打磨等作业。确保高速铁路设备质量,列车高速运行,安全正点,万无一失。

2. 天窗时间不同

普速铁路单线天窗时间为1.0~1.5 h,双线天窗时间为1.5~2.0 h,安排在昼间;高速铁路维修天窗多在夜间,天窗时间为3.0~4.0 h。

3. 维修方式(手段)不同

普速铁路多使用简单机具进行维修作业;高速铁路普遍使用大型机械进行检测与养护,事后还要开行"D"字头确认列车,确保维修质量。

4. 天窗类型不同

① 普速铁路单线多采用按供电臂停电检修的阶梯矩形天窗(见图5-2),普速铁路双线多采用按供电臂上、下行让线分别停电的V形天窗(见图5-3)。

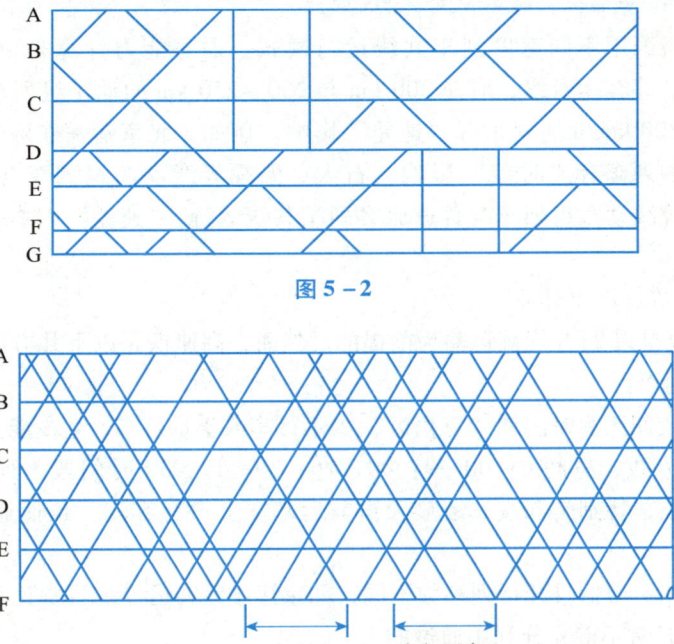

图 5-2

图 5-3

② 高速铁路均为双线，多采用按检修区段上下行同时停电检修的垂直矩形天窗（见图 5-4）。

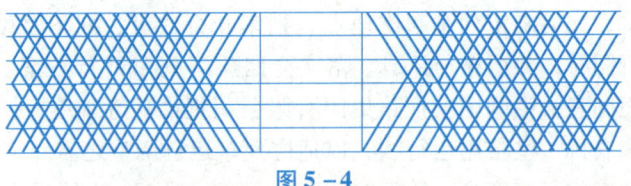

图 5-4

5. 天窗对通过能力影响不同

普速铁路双线电气化铁路，普遍采用上、下行正线分别按供电臂（20~30 km）停电的"V"形天窗，当上行正线停电时下行正线照常行车或改单线行车，停电时间较短（90~120 min），对通过能力影响较小。

高速铁路采用垂直矩形天窗，不仅 3~4 h 天窗时间内上、下行正线同时停运，而且垂直天窗时间前后形成的"三角区"无法铺画长途列车，对通过能力的影响大。

在高速铁路能力富余的情况下，为了确保高速列车运行安全和作业人员安全，采用分段垂直矩形天窗是可行的。随着高速铁路逐步成网，跨线运行的列车数量不断增加，为了充分利用通过能力，可在"三角区"铺画短途列车，也可按供电臂设置垂直矩形天窗，缩小"三角"范围，减少垂直矩形天窗对通过能力的影响。

知识点 4　高速铁路通过能力计算

1. 高速铁路通过能力计算特点

高速铁路通过能力计算具有一些不同于普速铁路的特点，主要表现在以下两方面。

1) 需扣除"速差"和"时差"对能力的影响

我国高速铁路采用不同速度列车共线运行模式，通过能力计算是以高等级列车为标准。如京沪、京广等客运专线，时速 300 km 与 200～250 km 的动车组列车共线，250 km/h 速度的列车，对 300 km/h 的列车有"速差"影响。例如，北京南—虹桥途中停车 7 次的列车，对只停一次的列车有"时差"影响。石太、温福等线动车组列车与普速客货列车共线，兰青、汉宜等线动车组列车与普速旅客列车共线运行，"速差""时差"对通过能力的影响更大。

2) 计算能力不能均衡利用

通过能力计算是以 24 h 均衡运输为前提的。然而，高速铁路以下几方面的原因导致其计算能力不能充分利用：

① 高速铁路夜间天窗时间和"三角区"内不行车或小量行车，昼夜能力利用不均衡；

② 城际客运专线，昼间 6：00—9：00、16：30—19：30 时间段，列车密集到发，其余时间段客流较小，特别是深夜、凌晨天窗前后基本上没有客流，致使通过能力不能均衡利用；

③ 日常、周末、节假日开行列车数不同，如京津城际客运专线日常比节日开行的动车组相差 20 对，致使日常不能充分利用通过能力。

为适应高速铁路客流波动较大、能力不能均衡利用的特点，高速铁路需要预留较多的后备能力，在列车运行图中，安排较多的备用运行线。

2. 高弹性安排备用运行线

我国高速铁路采用"不同速度列车共线运行"模式，在编制旅客列车开行方案时，为满足广大旅客出行需求，如何确定列车起讫地点、列车开行数量、列车停站方案等方面的难度很大。编制列车运行图时，要严格、认真、落实全路旅客列车开行方案。遇到困难时，要征得有关路局集团公司同意，中国国家铁路集团有限公司批准后才能变动。对本局管辖范围高速列车运行图，要多安排一些备用运行线，以适应列车运行调整之需。

高速铁路要求列车旅行速度高、始发终到正点率高。然而，本线运行和跨线运行的列车，由于受到恶劣天气、设备故障、人为意外等因素影响会出现列车运行晚点情况。尤其是运行距离长、停站次数多、运行等级低的列车，晚点频率较高。

高速铁路列车区间运行时分紧、停站时分短，出现运行晚点时，很难恢复正点。

因此，高速铁路列车运行图要有足够的应变能力，铺画列车运行图时，一般采取高弹性安排备用运行线的方法，在晚点频率高的列车后面安排一些备用运行线。当列车出现晚点时可以利用备用运行线，通过列车运行图调整措施，使晚点列车恢复正点或不增加晚点。

知识点 5 动车组运用计划

动车组是指列车的牵引动力装置和载客装置固定为一体的特殊车底，具有机车和客车车底双重功能。中国高速铁路动车组的英文缩写是 CRH。动车组由中国国家铁路集团有限公司统一管理、统一调配，实行配属制度。所谓配属制度，就是中国国家铁路集团有限公司根据高速铁路运输生产任务的需要和运输条件等因素，将动车组配属给各路局集团公司、动车段使用和保管的制度。

1. 动车组在折返站的作业及其停留时间

动车组在折返站的作业有：①动车组列车到达作业（列车到达停妥后，开启车门，旅客下车，排污）；②司机转换操纵台（含交接班）、保洁作业（含座椅转向）；③列车出发作业（旅客上车，关闭车门，确认发车条件，起动列车）。

立即折返的动车组停留时间 $t_{折}$ 应根据折返站具体条件确定，计算公式如下：

$$t_{折} = t_{到} + t_{转} + t_{发}$$

式中，$t_{到}$——动车组列车到达作业时间，min；

$t_{转}$——动车组司机转换操纵台（含交接班）作业时间，应与 $t_{到}$、$t_{发}$ 平行作业，可视为零；

$t_{发}$——动车组列车出发作业时间，min。

2. 动车组运用方式与运用计划

1）动车组运用方式

动车组运用方式灵活多样，主要有以下几种。

① 固定区段往复折返运用方式（见图5-5）。这种运用方式的主要优点是，有利于动车组管理，动车组在固定区段往复折返运行数次后，返回固定地点检修，动车组运用组织比较简单。京津、沪宁、广珠等城际高速铁路和西郑、郑武、西太等高速铁路区段普遍采用此方式。其主要缺点是，当运行区段较长或始发时间较晚，动车组当日不能返回本段（所）时，不仅影响动车组按时检修，而且第二天需使用另一列备用动车组。如西安北至广州南的G98次列车，9：53 西安北站始发，17：35 到达广州南站，当天不能返（夜间不行车），西安北动车段需用两组车底才能完成该次列车的开行，动车组运用效率较低。

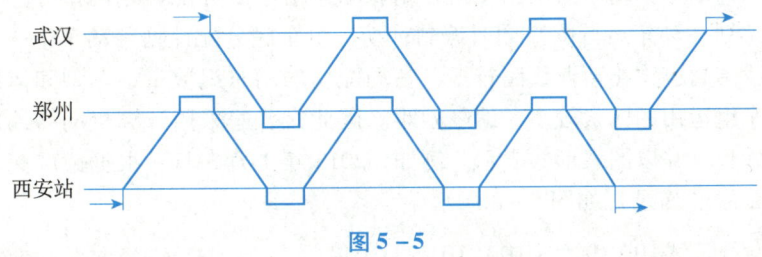

图5-5

② 固定区段连环套跑运用方式（见图5-6）。这种运用方式的主要优点体现在以下两方面：一是动车组在固定区段连环套跑后，当日返回固定地点检修，动车组运用组织简单，便于管理；二是它比固定区段往复折返方式能增加动车组列车运行公里，提高动车组运用效率。主要缺点与固定区段往返折返方式相似。距离 500 km 左右的相邻高速铁路区段，普遍采用连环套跑运用方式。

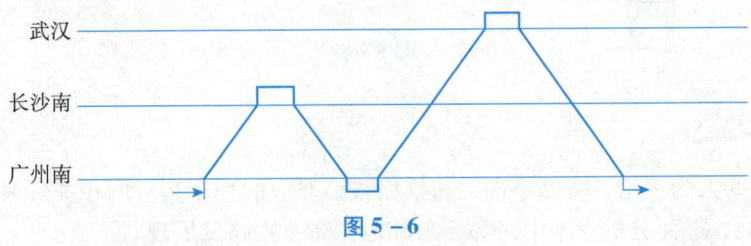

图5-6

③ 不固定区段运用方式（见图 5-7）。动车组从深圳北至武汉不固定运行区段有两种运行方式：一种按实线运行，另一种按虚线运行，最后返回广州南检修。从图 5-7 可以看出，按虚线运行方式，动车组多完成一个广州南—长沙南区段的往返走行公里，运用率高。

除此以外，动车组运用还有不固定区段往复折返和连环套跑等灵活多样的方式。为了加速动车组周转，提高动车组运用效率，只要车型相同，折返（接续）时间符合要求，检修地点、检修时间不变，经双方协商同意，动车组可以在局管内、跨局、全路高速铁路范围内灵活使用。例如，2014 年的运行图中，上海 22：00 开往西安北的 D306/D307 次卧铺列车，次日 8：36 到达西安北后，一直停留到当日 21：03 开行 D308/D305 次。2015 年编制列车运行图时，为提高动卧运用效率，经双方协商，中国国家铁路集团有限公司核准，利用该动卧列车车底从 9：45 至 17：13 增开西安北至太原南 D2618/D2617 次。

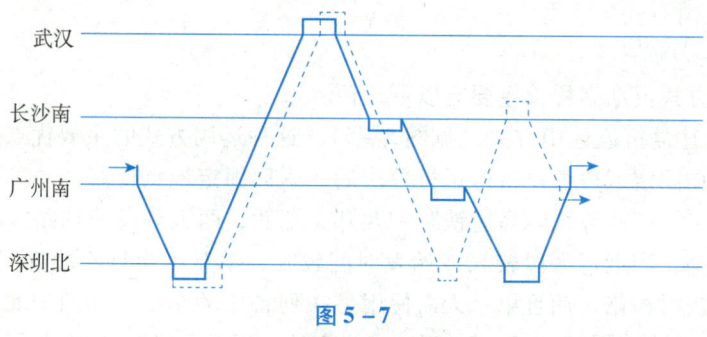

图 5-7

2）动车组运用计划

动车组运用计划包括动车组运用交路计划和动车组车底分配计划两部分。动车组交路计划与列车运行计划（列车运行图）同时编制；动车组车底分配计划与动车组一、二级检修计划同时编制。我国高速铁路营业线路较多，各局配属的动车组数量、车型和运用方式不完全相同，影响动车组运用的因素较多，编制困难。因此，普遍采用计算机网络编制列车运行图和动车组运用计划，并以图表形式表示。例如，2013 年 1 月 3 日，根据武广深动车组运用交路表绘制的交路图（摘录）如图 5-8 所示。

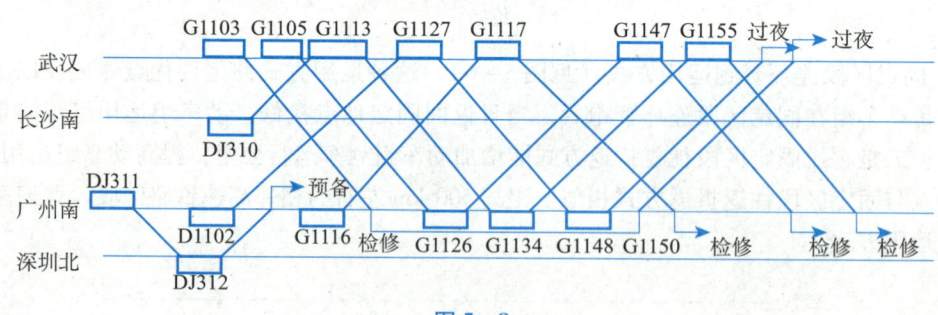

图 5-8

实训 5

学生以 3~5 人为一组，查阅不同高速铁路线路对应的列车运行图相关资料，分析其特点及对沿线的影响，进而分析我国中西部、东部地方高速铁路发展现状。

要求：各组以 PPT 形式对所查阅到的资料进行介绍，最后教师进行总结概括。

【项目考核】

1. 理论考核

通过完成以下题目,获得理论考核成绩(见表5-5),满分60分。

1)简答题

(1)分析日本、法国、西班牙与德国、意大利的高速铁路运输组织模式有何不同。
(2)我国运输组织模式有何特点?
(3)高速铁路旅客列车开行方案的内容包括哪些?
(4)确定高速旅客列车起讫点时应考虑哪些条件?
(5)我国高速铁路动车组列车停站方案有哪几种?
(6)与普速铁路相比高速铁路维修天窗有何特点?
(7)"速差"和"时差"对高速铁路通过能力有何影响?
(8)动车组运用方式主要有哪几种?

2)思考题

(1)对于我国高速铁路运输组织模式有何意见或建议?
(2)动车组不同运用方式各有何优缺点及适用情况?

表5-5 理论考核成绩表

	题号	总分	得分	亮点
简答题	(1)	6分		
	(2)	6分		
	(3)	6分		
	(4)	6分		
	(5)	6分		
	(6)	6分		
	(7)	6分		
	(8)	6分		
思考题	(1)	6分		
	(2)	6分		
	总分:		教师签名:	

2. 素质考核

通过考核以下项目,获得素质考核得分(见表5-6),满分40分。

表5-6 素质考核成绩表

序号	评价内容(每项10分)	得分	亮点
1	出勤情况		
2	课前预习情况		
3	课堂表现		
4	任务完成情况		
	总分:	教师签名:	

项目 6 高速铁路调度指挥

【项目描述】

铁路运输调度工作,实行"分级管理、统一指挥"的原则。局与局间由中国国家铁路集团有限公司统一指挥,局管内各区段间由各路局集团公司统一指挥,一个区段内由本区段列车调度员统一指挥。高速列车调度台原则上应独立设置。高速铁路与普速铁路间联络线一般设有列控设备,其行车指挥工作原则上纳入高速铁路调度指挥。高速铁路设有调度集中设备,正常情况下,列车调度员可以利用该设备直接操纵集控站的道岔和信号,可以随时了解区段内各站接发列车进路、道岔、信号和列车运行情况。

【知识目标】

(1) 了解高速铁路调度组织机构及其职责范围。
(2) 认识高速铁路主要调度工种及职责。
(3) 熟悉高速铁路调度工作信息报告制度。
(4) 熟悉调度日计划编制原则与依据。
(5) 掌握高速铁路动车组列车运行的特点。
(6) 掌握高速铁路列车运行调整的原则。
(7) 了解不同情况的设备故障与抢修措施。

【能力目标】

(1) 能够制订列车开行计划、施工计划及维修计划。
(2) 施工路用列车开行。
(3) 能够对高速铁路列车运行进行调整。
(4) 具备高速铁路列车突发情况的应急处置能力。

任务 6.1 高速铁路调度组织机构与职责范围

6.1.1 拟完成的任务

高速铁路行车工作是由多部门、多工种联合、连续不间断地进行的。一趟列车往往要经过几个区段、数十个车站,甚至几个路局集团公司、数千 km 线路才能到达目的地。因此,《铁路技术管理规程(高速铁路部分)》规定:铁路行车组织工作,必须贯彻安全生产的方针,坚持集中、统一领导原则。高速铁路调度部门作为行车工作的核心部门,其机构设置与各个工种职责制定,必须贯彻集中、统一领导原则。

通过本任务的学习,了解我国高速铁路调度组织机构的设置及人员配置情况,知道各部门的职责。

6.1.2 任务目的

(1)了解高速铁路调度组织机构及其职责范围。
(2)认识高速铁路主要调度工种及职责。
(3)熟悉高速铁路调度工作信息报告制度。

6.1.3 所需设备

高速铁路沙盘。

6.1.4 相关配套知识

知识点 1　高速铁路调度组织机构与职责范围

铁路运输调度工作实行分级管理、集中统一指挥。

中国国家铁路集团有限公司设调度中心,各路局集团公司设调度所。调度中心统一指挥各路局集团公司和专业运输公司完成运输生产经营任务;调度所统一指挥路局集团公司管内运输生产单位完成运输生产经营任务。调度中心设值班处长,调度所设值班主任,分别领导一班调度工作。在日常运输组织工作中,下级调度必须服从上级调度的指挥。

1. 中国国家铁路集团有限公司高速铁路调度组织机构与职责范围

中国国家铁路集团有限公司调度中心的高速铁路调度部门设值班处长一名,下设行车调度台和动车调度台,如图 6-1 所示。涉及高速铁路的其他工种调度工作,由相关普速铁路调度台兼任。

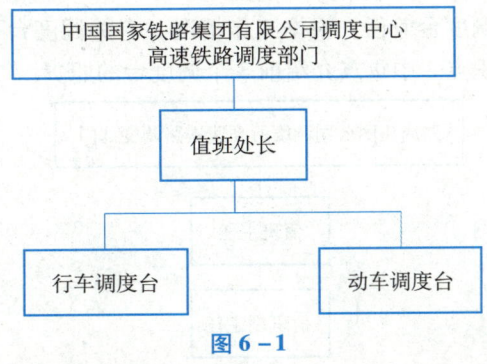

图 6-1

中国国家铁路集团有限公司调度中心高速铁路调度部门的主要职责范围如下。
① 负责全路高速铁路运输组织和调度指挥工作。
② 负责监督、管理和检查各路局集团公司的高速铁路调度指挥工作。维护调度纪律,检

查各路局集团公司执行规章制度和调度命令情况，对违章违纪造成不良后果的单位和人员进行通报批评、提出处理意见。

③ 负责全路高速铁路日常旅客运输组织工作。经济、合理地使用动车组，组织各路局集团公司及时输送旅客，充分利用运输能力，提高运输效率和效益。

④ 检查各路局集团公司高速铁路调度日计划执行情况，监督、检查各路局集团公司按图行车情况，及时协调处理各局间高速铁路运输工作中出现的问题。

⑤ 掌握各路局集团公司动车组配属、转属、借用、调动、运用及检修情况。

⑥ 掌握动车组列车运行情况，收集、分析晚点原因，组织有关单位（人员）采取措施，恢复运行秩序。

⑦ 处理跨局动车组列车的临时加开、停运、变更径路、途中折返、变更编组、变更客运业务、停站等工作；根据需要安排跨局试验列车开行及动车组回送。

⑧ 组织和部署专运、中央大型会议及重点任务的乘车计划，并掌握运行情况。组织和掌握军运、特运工作，安排新兵和退役士兵运输，重点掌握与其有关的动车组列车始发、运行情况。

⑨ 负责中国国家铁路集团有限公司抢险救灾物资、人员运输组织工作，跟踪掌握运输情况。

⑩ 负责审批中国国家铁路集团有限公司管理的施工项目日计划，组织各路局集团公司兑现施工日计划。

⑪ 检查、通报安全情况，及时收取、掌握铁路交通事故、设备故障、自然灾害等突发事件信息，按规定启动应急预案，组织救援、调整运输，负责调动跨局的救援列车、救援队。

⑫ 负责检查指导各路局集团公司的调度基础管理和技术培训工作，规范调度管理，加强队伍建设。

⑬ 负责中国国家铁路集团有限公司高速铁路日常运输工作和安全监督检查情况的分析工作，抓好典型，及时总结推广。

2. 路局集团公司高速铁路调度组织机构与职责范围

路局集团公司调度所高速铁路调度部门设值班主任、值班副主任，下设计划调度台、列车调度台、动车调度台、供电调度台、施工调度台，如图 6-2 所示。涉及高速铁路的其他工种调度工作，由普速铁路调度台兼任。根据工作情况，有关调度台可合并设置，具体由路局集团公司确定。下面在知识点 2 中重点介绍前 3 个调度台的职责。

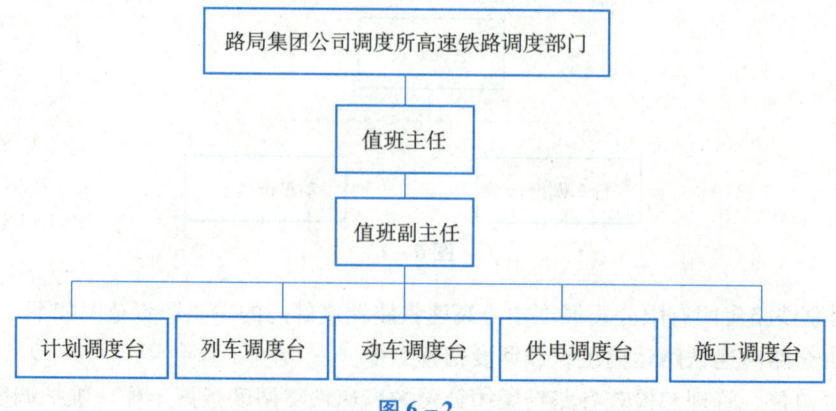

图 6-2

路局集团公司高速铁路调度部门主要职责范围如下。

① 在中国国家铁路集团有限公司调度处的集中、统一指挥下，负责路局集团公司管内高速铁路运输组织和调度指挥工作。

② 严格执行各项规章制度，遵守调度纪律，及时处理影响行车的有关情况，保证调度指挥安全。

③ 负责路局集团公司管内高速铁路日常旅客运输组织工作。

④ 负责编制、下达并组织落实路局集团公司高速铁路调度日计划，保证完成高速铁路运输生产任务。

⑤ 负责组织有关单位按高速铁路列车运行图行车，及时协调处理局管内高速铁路运输工作中出现的问题。

⑥ 掌握管内动车组配属、转属、借用、调动、运用、检修情况。

⑦ 组织旅客列车按图行车，遇列车晚点时，积极采取措施，组织有关单位（人员）恢复运行秩序，做好正晚点分析，上报中国国家铁路集团有限公司。

⑧ 掌握局管内主要站客流波动及动车组列车超员和票额利用情况；处理局管内动车组列车临时加开、停运、变更径路、途中折返、变更编组、变更客运业务、停站等工作组织，落实局管内高速铁路专运及重点任务的乘车计划，并掌握其运行情况。根据需要组织和落实试验列车开行及动车组回送等工作。

⑨ 组织完成局管内军运、特运工作，重点掌握与其有关的动车组列车始发、运行情况。

⑩ 负责局管内抢险救灾物资、人员运输组织工作，跟踪掌握运输情况。

⑪ 负责编制下达路局施工（维修）日计划，发布运行揭示调度命令、施工（维修）调度命令，协调组织施工（维修）按计划进行。

⑫ 及时收取、上报局管内高速铁路交通事故、自然灾害等突发事件信息，按规定启动应急预案；负责调动局管内救援列车、救援队。

⑬ 检查路局集团公司高速铁路各单位执行规章制度和调度命令情况，对违章违令的单位和人员进行通报批评，并提出处理意见。

⑭ 负责路局集团公司高速铁路日常运输工作完成情况和调度安全工作情况分析，及时总结、推广先进经验，不断改进高速铁路调度工作。

⑮ 负责路局高速铁路基础管理和技术培训，规范调度管理，加强队伍建设。

知识点 2　路局集团公司高速铁路主要调度工种及职责

1. 值班副主任的主要职责

① 在调度所值班主任的领导下，负责管内高速铁路运输的集中、统一指挥，协调高速铁路各线间、高速铁路与既有线间的运输协调工作，加强与邻局高速铁路调度工作联系，并向中国国家铁路集团有限公司高速铁路调度部门汇报有关工作。

② 严格执行各项规章、文件、电报、命令和安全管理制度。

③ 掌握高速铁路列车、动车组安全正点情况，遇涉及动车组及高速铁路的非正常行车组织、应急处理等情况时，应加强组织指挥。

④ 掌握相关区段综合维修计划、试验列开行、动车组回送情况。

⑤ 负责审核管内高速铁路动车组列车加开、停运、回送等计划。遇非正常情况，指导相

关调度员调整列车开行计划、动车组车底运用计划。

⑥ 组织协调相关工种调度，制定并实施管内高速铁路站、车滞留旅客疏导方案，及时协调处置站、车发生的与客服相关的突发事件。

⑦ 负责管内救援用的动车组列车的调用。需要跨局调动救援列车时，向中国国家铁路集团有限公司调度申请。

⑧ 掌握管内高速铁路重点任务的运输情况，协助列车调度员做好列车运行组织和调整工作。遇有突发情况，立即向中国国家铁路集团有限公司报告。

⑨ 组织实施应急指挥中心确定的救援和处理方案；协调相关单位实施救援、抢修和抢救。

⑩ 根据文件、电报有关单位申请，审核管内动车组试验运行计划，审批施工天窗内临时施工、维修作业计划。

⑪ 负责中国国家铁路集团有限公司调度命令申请单的审核，并督促有关工种转发中国国家铁路集团有限公司的调度命令。

⑫ 负责管内高速铁路安全信息的收集、通报，以及高速铁路列车正晚点统计分析、上报工作。

⑬ 完成领导临时交办的工作和任务。

2. 计划调度台的主要职责

① 严格执行各项规章、电报、命令和安全管理制度。

② 了解客流变化，掌握管内动车组配属、备用、运用情况，落实动车组列车开行方案。

③ 掌握相关区段综合维修计划、试验列车开行、动车组回送情况。

④ 汇总、编制调度日计划，及时上报、接收中国国家铁路集团有限公司审批下达的日计划。

⑤ 与相邻路局集团公司调度所交换日计划有关资料。

⑥ 在客运处指导下，根据客流需要，发布动车组临时加开、停运、途中折返、编组调整、定员变化、变更客运业务、停站和应急情况下的票额调整等调度命令。跨路局集团公司时，向中国国家铁路集团有限公司高速铁路调度部门提出调度命令申请。

⑦ 遇非正常情况，会同相关调度人员调整列车开行计划（含客运业务停站股道运用计划）、动车组车底运用计划。

⑧ 组织管内高速铁路运输中有关军事运输工作，安排新、老兵乘车计划，重点掌握有关高速铁路动车组安全、正点情况。

⑨ 完成领导临时交办的工作和任务。

3. 列车调度台（行车调度岗位）的主要职责

① 严格执行各项规章、文件、电报、命令和安全管理制度。

② 接收调度日计划，负责本调度区段行车指挥作业，编制并下达列车运行调整计划，组织并监控列车运行，调整列车运行和到发线使用情况。

③ 负责与邻台交换列车运行调整计划。

④ 掌握管内车站及列车的技术设备和作业过程，注意列车运行情况，掌握重点列车运行信息，正确、及时地发布与行车有关的调度命令、行车凭证和口头指示。

⑤ 需人工办理进路时，负责布置进路，并听取助理调度员进路准备妥当的汇报，确认进

路正确。

⑥ 转为非常站控时，负责向车站值班员或车务应急值守人员下达列车进路调整计划（包括车次、股道、方向、到发时刻）、布置进路，并听取进路准备妥当的汇报，CTC 终端能正常显示时，须与助理调度员共同确认进路正确。收取列车到发时刻（计算机报点除外）。

⑦ 遇管内发生铁路交通事故、设备故障、自然灾害、防灾安全监控系统报警及列车司机报告异常信息等情况时，正确、及时地进行处理，并通报信息，按规定填写"安监报 –1"。

⑧ 掌握救援列车分布情况，根据值班主任（值班副主任）的指示，及时发布救援列车运行的调度命令。

⑨ 对列控限速命令（数据格式），与助理调度员执行"二人确认制"。

⑩ 完成领导临时交办的工作和任务。

4. 列车调度台（助理调度岗位）的主要职责

① 严格执行各项规章、文件、电报、命令和安全管理制度。

② 接受列车调度员（行车调度岗位）的领导。

③ 掌握管内站、段及列车技术设备的作业过程，注意列车运行情况和有关安全监控设备工作情况，注意管内各站列车进路和调车进路排列情况，如需人工办理进路和开放信号时，根据列车调度员指示人工办理。

④ 负责进行控制模式转换、列控限速设置、接触网供电、线路（道岔）封锁等操作。

⑤ 分散自律模式下，担任调车领导时，及时编制调车作业计划，向调车指挥人和司机下达调车作业计划，并负责办理调车进路。

⑥ 负责列控限速调度命令（数据格式）的设置、取消及人工排列进路，与列车调度员执行"二人确认制度"。

⑦ 转为非常站控时，在 CTC 终端能够正常显示的情况下，与列车调度员共同确认进路正确。

⑧ 遇使用无线传送调度命令不成功时，按照列车调度员的指示，使用列车调度电话向司机发布调度命令。

⑨ 按列车调度员的指示，负责办理综合维修，设备故障登记、销记和接触网停、送电签认手续，及时拟定并发布综合维修、抢修作业的调度命令。

⑩ 完成领导临时交办的工作和任务。

5. 动车调度台的主要职责

① 严格执行各项规章、文件、电报、命令和安全管理制度。

② 掌握本局管内动车组配属、转属、借用及车底到位等情况；掌握本局管内当日动车组运用检修、备用、热备、试运、回送、试验计划。

③ 负责编制动车组车底运用日计划，并组织落实。遇列车运用计划变更时组织调整车底运用计划。掌握本局管内动车组车底运用周转情况，组织动车段实施日计划。

④ 掌握日常运用动车组随车机械师乘务信息，掌握热备动车组停放位置和车底变更、临时开行等情况。

⑤ 监控本局所属动车组及在管内运行动车组列车的运行情况，及时收取故障信息报告。接到动车组故障信息后，立即汇报中国国家铁路集团有限公司动车调度部门和有关领导，通报相关专业调度员和相关路局集团公司动车调度员，并及时做出判断，采取妥当的应急处置

措施。

⑥ 监控动车组出、入段及列车始发、终到情况。出现晚点时，负责组织车底运用、检修的调整工作。因动车组故障或其他原因影响本局管内车底正常交路时，组织车底交路调整、热备启用工作。

⑦ 掌握运用动车组故障情况，协调回送工作。掌握故障动车组的入库检修情况，督促动车段进行原因分析并上报中国国家铁路集团有限公司动车调度部门。

⑧ 动车组需要异地检修时，协调有关单位组织实施；需跨局检修时，上报中国国家铁路集团有限公司动车调度部门。

⑨ 掌握本局管内动车组定期检修计划。负责检查、督促本局管内动车段合理制订动车组在段检修计划。

⑩ 负责动车组相关调度命令的发布。跨局时，向中国国家铁路集团有限公司动车调度部门提出命令申请。

⑪ 掌握管内动车组运用、检修能力及每日运用、检修基本情况，检查、督促动车段制订检修计划，保证动车组科学合理检备。

⑫ 负责动车组管理信息的监控，定期对动车组检修、运用数据进行汇总、统计、分析和上报。

⑬ 完成领导临时交办的工作和任务。

知识点 3　高速铁路调度工作信息报告制度

为贯彻调度工作"分级管理、统一指挥"的原则，加强各级调度部门间的工作联系，加强调度与安全检察、业务部门之间的信息沟通，基层单位（人员）应及时报告工作信息。调度部门应准确掌握工作进度和安全信息，及时处理发生的问题。

1. 基层单位（人员）向调度所高速铁路调度部门的信息报告

① 集控站有关行车工作信息由列车调度员负责。相关人员直接向列车调度员报告有关行车工作。列车运行途中，司机应随时向列车调度员报告有关行车事项，随车机械师、列车长遇影响列车运行的有关事项时，应通过司机向列车调度员汇报。

② 发生交通事故、设备故障及其他影响行车安全的突发情况时，有关单位（人员）立即报告列车调度员。

③ 当施工、维修作业不能按计划结束时，作业负责人应提前 30 min 向列车调度员报告。

④ 发生影响旅客服务的突发情况时，车站由站长、客运值班员或综控室值班员向客运调度员报告，列车由列车长向客运调度员报告。

⑤ 客运段及时向客运调度员汇报客运乘务计划落实及变化情况。

⑥ 动车段（车辆段）调度员及时向动车调度员汇报车底运用、备用、检修、乘务计划落实及变化情况。机车牵引的旅客列车，由机务段调度员及时向机车调度员汇报乘务计划落实及变化情况。

2. 调度所向调度中心高速铁路调度部门的信息报告

① 每日 9：00（21：00）前，值班副主任报告接班后管内高速铁路运输情况及重点事项。

② 动车组列车需临时停车上下人员时，应立即报告。

③ 安全情况和重要事项应随时报告。

3. 其他信息报告

① 当上级调度部门向下级调度部门和运输生产单位了解有关运输情况时，有关人员应及时认真汇报。

② 路局集团公司调度部门接到铁路交通事故、行车设备故障等信息后，应填写《铁路交通事故（设备故障）概况表》（安监报1），通过铁路安全监督管理信息系统，及时报送路局集团公司安全监察部门，并互相签认、定期核对。

任务 6.2 高速铁路调度日计划

6.2.1 拟完成的任务

本任务理论学习完成后，将学生分为若干小组，每组 5~6 人，整理收集以下资料：① 基本列车运行图（包括分号列车运行图），有关技术作业时间标准；② 有关文件、电报、调度命令；③ 动车组运用（车型、组数）、检修计划及会送、试运行申请；④ 局分界站协议；⑤月度施工计划（含临时电文批复的）及主管业务处提报的施工计划，录用列车开行、设备维修作业计划申请。

在此资料的基础上，进行调度日计划的编制。

6.2.2 任务目的

（1）熟悉调度日计划编制原则与依据。
（2）制订列车开行计划、施工计划及维修计划。
（3）施工路用列车开行。

6.2.3 所需设备

高速铁路沙盘。

6.2.4 相关配套知识

知识点 1 调度日计划编制原则与依据

调度日计划是铁路日常运输组织的基础，是 0：00—24：00 一日内运输工作计划，应按列车运行图、施工（维修）计划进行编制。调度日计划包括列车开行计划、施工计划、维修计划，分别由计划调度台、施工调度台负责编制，经调度主任（副主任）审核批准后，报中国国家铁路集团有限公司调度中心，并于 17：30 前下达给有关单位、调度台。

1. 调度日计划的编制原则

① 坚持安全生产的原则。
② 贯彻国家运输政策的原则。
③ 按列车运行图行车的原则。

④ 按施工（维修）计划安排施工（维修），坚持运输、施工（维修）兼顾的原则。

⑤ 经济合理地使用动车组和其他运输设备，提高运输效率和效益的原则。

2. 编制调度日计划的主要依据

① 基本列车运行图（包括分号列车运行图），有关技术作业时间标准。

② 有关文件、电报、调度命令。

③ 动车组运用（车型、组数）、检修计划及会送、试运行申请。

④ 局分界站协议。

⑤ 月度施工计划（含临时电文批复的）及主管业务处提报的施工计划、录用列车开行、设备维修作业计划申请。

知识点 2　列车开行计划

1. 列车开行计划的主要内容

列车开行计划主要包括以下内容。

① 列车开行车次。

② 临时定点列车始发站、终到站、沿途客运业务办理站站名及其到发时分、动车组股道运用计划。

③ 开行动车组列车所对应动车组（型号、重联）、动车组车底运用方案及路用列车开行计划。

④ 重点事项。

例如，2016 年 5 月 25 日西安北至宝鸡南动车组交路实际图如图 6-3 所示。

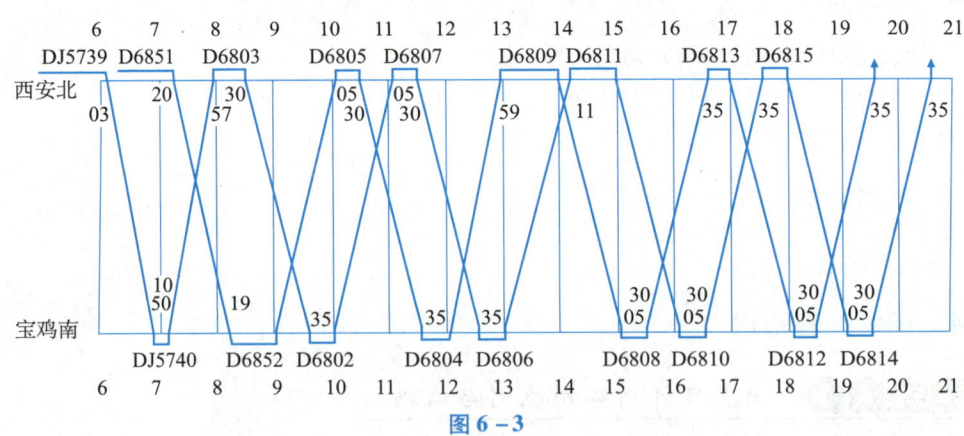

图 6-3

2. 列车开行计划的编制流程

① 计划调度员每日 10：00 前，根据基本图（包括分号运行图）及相关文件、电报、调度命令，确定次日动车组开行方案，转交动车调度员和相关机务段、动车段（车辆段）、客运段。

② 动车调度员 15：00 前将动车组车底（含热备车）及重点事项转交计划调度员。

③ 施工调度员 15：00 前将路用列车运行计划转交计划调度员。

④ 计划调度员 16：00 前与相关调度所交换列车开行计划。

⑤ 17：00 前形成全日列车开行计划。

3. 动车组列车调整

1）有计划地调整

有计划地临时加开、停运、定员变化或变更客运业务停站时：

① 路局集团公司客运、车辆、机务部门确定方案，于客票预售期前 2 天（加开或对已发售客票不影响时，需在列车开行前 2 日）向调度所计划调度台提出申请；

② 调度所计划调度台审核后，向有关单位发布调度命令，并抄送路局集团公司客运处（客票管理所）、客货统计所、相关调度台；跨局时，须经中国国家铁路集团有限公司调度部门与客运部门协商，同意后以调度命令批准。

2）遇突发情况临时调整

遇突发情况需临时加开、停运、变更径路、途中折返、定员变化、变更客运业务停站时：

① 调度所根据确定的方案，由计划调度台向有关单位发布调度命令，并抄送路局集团公司客运处（客票管理所）、客货统计所、相关调度台；

② 跨局时，须经中国国家铁路集团有限公司调度部门以调度命令批准。

3）变更车底

① 动车段（车辆段）向动车调度台提出申请。

② 动车调度台审核后交计划调度台，由计划调度台向有关单位发布调度命令，并抄送路局集团公司客运处（客票管理所）、相关调度台。

③ 跨局或使用外属动车组担当交路时，须经中国国家铁路集团有限公司调度部门批准。

4）动车组列车的回送

① 动车组列车对回送径路、运行条件有特定要求时，相关专业部门应以文电形式明确。

② 动车调度台根据动车段（车辆段）、造修单位提交的书面回送申请，依据相关文电、检修计划、运用交路调整及检修方案，审核后提交值班副主任批准（跨局时，需经中国国家铁路集团有限公司调度部门以调度命令批准），计划调度台负责纳入调度日计划。

③ 管内动车组在担当区段内运用交路调整、检修（故障时）调整产生的空载运行，来不及纳入调度日计划时，经动车调度台确认、值班副主任审核后，由行车调度台发布调度命令。

④ 跨局时，动车调度台向中国国家铁路集团有限公司动车调度台申请，中国国家铁路集团有限公司动车调度台审核后，经机车调度台会签，交中国国家铁路集团有限公司行车调度台发布调度命令。沿途各调度所高速铁路值班副主任，根据中国国家铁路集团有限公司调度命令，组织相关工种调度员，将其纳入高速铁路调度计划交接。

5）试验列车的开行

高速铁路《技规》规定，上线运行的动车组须符合出段（所）质量标准。遇以下情况，均须安排动车组试运行：

① 新型动车组运营新线开通前；

② 动车组新造出厂、高级检修修竣后；

③ 临修更换转向架、轮对、万向轴、主变压器、牵引电机后；

④ 重要部件、软件加装、升级后。

试验列车开行的要求如下：

① 试验单位会同路局集团公司相关部门确定方案，路局集团公司相关部门发布试验列车有关文电，并向调度所值班副主任提出申请，涉及跨局试验列车开行时，由值班副主任向调

度中心提出申请；

② 调度中心行车调度台根据调度所提报的申请，经值班处长批准后，发布跨局试验列车运行命令；

③ 开行试验列车时，值班副主任根据有关文电及提报的申请（跨局时需有中国国家铁路集团有限公司的调度命令），交计划调度台纳入调度日计划。

6）临时调整综合检测车的运行

遇特殊情况，需临时调整动车组综合检测车运行时：

① 动车组综合检测车主管单位确定方案，向中国国家铁路集团有限公司调度中心提出书面申请；

② 中国国家铁路集团有限公司调度中心行车调度台经值班处长批准后，发布动车组综合检测车运行调整（2日内）的调度命令；

③ 动车组综合检测车主管单位，及时发布动车组综合检测车后续开行调整方案的电报。

知识点3 施工计划

1. 施工计划的主要内容

① 施工编号、等级、项目。

② 施工日期、作业内容、地点（含线别、区间、车站、股道、道岔、行别、里程）和时间。

③ 施工限速、影响范围、行车方式变化及设备变化。

④ 主体施工单位、配合单位、施工负责人。

⑤ 路用列车进出区间方案。

⑥ 区间及站内装卸路料计划。

2. 施工计划的编制与下达流程

① Ⅰ级施工和中国国家铁路集团有限公司管理施工项目的施工日计划，施工调度台于施工前1日15：00前报中国国家铁路集团有限公司调度中心。

② 路局集团公司所管设备越过局间分界站，延伸至相邻路局集团公司调度指挥段（简称延伸段）时，施工单位于施工前3日，将延伸段施工计划报本路局集团公司主管业务处室，经主管业务处室审核（盖章）后，于施工前2日9：00前，向调度管辖区段路局集团公司调度所施工调度室提报施工计划申请，由调度管辖区段路局集团公司调度所编制、下达施工日计划，发布施工调度命令。

③ 施工日计划下达后，不得随意取消施工日计划（项目）。因特殊原因临时取消时，须经路局集团公司分管运输副局长（总调度长）批准（Ⅰ级施工和中国国家铁路集团有限公司管理施工项目，还须报调度中心批准），以调度命令（含取消或重新发布运行揭示调度命令）通知有关单位。

④ 施工日计划下达后，因施工单位自身原因取消施工时，不再发布取消施工的调度命令，但涉及运行揭示调度命令的施工取消时，应按要求发布相关调度命令。

知识点4 维修计划

1. 维修计划的主要内容

① 作业项目、地点。

② 时间、作业单位、配合作业单位、作业负责人、影响范围。

③ 路用列车进出区间方案。

2. 维修计划的相关规定

① 路局集团公司所管设备越过局间分界站，延伸至相邻路局集团公司调度指挥区段（简称延伸段）时，设备管理单位于维修作业前4日，向本路局集团公司主管业务处室提报延伸段维修作业计划申请，本路局集团公司主管业务处室与局内相关业务处室沟通、协调后，于维修作业前3日，向调度管辖区段路局集团公司主管业务处室提报计划申请，由调度管辖区段路局集团公司主管业务处室编制维修计划，并向调度所提报。

② 维修日计划下达后，不得随意取消维修日计划（项目）。因特殊原因临时取消时，须经路局集团公司主管运输副局长（总调度长）批准，以调度命令办理取消。设备管理单位自身原因取消维修时，不再发布取消维修的调度命令。

③ 维修日计划下达后，因特殊原因需临时增加维修作业时，在不与其他施工及维修作业产生冲突的情况下，由设备管理单位报调度管辖路局集团公司主管业务处室审核，同意后报调度管辖区段路局集团公司调度所实施。

3. 施工维修作业

1) 施工维修作业基本要求

① 凡影响营业线行车的施工、维修作业，都必须纳入天窗，不得利用列车间隔时间进行。天窗为线路、桥隧、信号、通信、接触网及其他行车设备的施工、维修作业提供了时间上的保证，因此在施工结束后，力争做到不降低原来的行车速度。各项维修作业应提前做好准备，保证作业开始前不限速，结束时须达到正常放行列车条件。

② 行车调度台、非集控站和集控站均应设置《行车设备施工登记簿》《行车设备检查登记簿》，用于办理施工维修、设备故障等的登记、销记工作。具备条件时，可通过施工维修登销记信息系统进行行车设备施工、维修及设备故障的登记和销记。

③ 在调度台、车站办理登记、销记手续时，施工、维修作业单位应指派名具有协调能力、熟悉作业情况、经过培训合格的胜任人员，作为本部门作业单位驻调度所、车站联络员。联络员除办理登记手续外，还负责向作业单位作业负责人传达有关命令。施工、维修作业前，联络员须到岗，并不得临时调换。

④ 各作业单位施工、维修作业完毕后，须及时向驻调度所（车站）联络员报告，由联络员办理销记手续。

⑤ 施工作业完毕，但未达到正常放行列车条件时，联络员应在《行车设备施工登记簿》内登记行车限制条件；在设备达到正常放行条件后，及时销记。

2) 施工维修作业防护要求

① 凡影响行车的施工、维修，均应设置防护。未设好防护，禁止开工。线路状态未恢复到准许放行列车运行条件，禁止撤除防护、放行列车。施工、维修防护的设置与撤除，由施工负责人决定。

② 在区间或站内线路、道岔上维修时，现场防护人员应站在维护地点附近，且瞭望条件较好的点进行防护，在大窗内作业时，应显示手信号。维修作业应在调度所（车站）与作业地点分别设调度所（车站）联络员和现场防护人员，并保持良好的联系。综合利用大窗的施工维修，应加强主体施工单位与其他参与施工单位的联系，及时协调施工过程中出现的问题，

由施工主体单位的施工负责人统一指挥。每一施工项目都要单独设好防护，未设好防护，禁止开工。

③ 封锁区间施工时，由驻局调度所（车站）联络员在《行车设备施工登记簿》内登记，列车调度员应保证施工时间，并及时发出实际施工调度命令。施工负责人接令后，确认施工起止时刻，设好停车防护后，方可开工，并保证在规定的时间内完成。施工单位及设备管理单位应严格掌握开通条件，共同检查，确认满足放行条件，且设备达到规定的开通速度要求时，通知联络员在《行车设备施工登记簿》内销记，并向列车调度员申请开通区间。如因特殊情况不能按时开通区间或不能按规定的开通速度运行时，应提前请求列车调度员延长时间或限速运行。

④ 在线间距不足 6.5 m 的地段施工、维修而邻线行车时，邻线列车应限速 160 km/h 及以下，并按规定设置防护。施工单位在提报施工计划时，应提出邻线限速条件。邻线来车时，驻调度所（车站）联络员应通知现场防护人员。现场防护人员应立即通知作业人员下道，停止作业，机具、物件或人员不得在两线间放置或停留，物料应堆码且放置牢固。

⑤ 在区间线路施工时，使用移动停车信号防护的办法有两大变化：一是取消响墩。因响墩体积小，容易错放或忘记撤除，被列车触发的情况时有发生。高速铁路多为夜间天窗，响墩遗漏概率增多；动车组速度快，轴重轻，触发响墩后安全风险更大。同时，天窗时间内只允许开行速度较低且安装了运行监控装置的路用列车，对冒进防护信号有多种控制手段，因此取消响墩防护。二是取消邻线作业标。高速铁路列车运行图多采用上、下行正线同时停电的垂直天窗，本线封锁施工时，邻线只准开行速度较低的路用列车，同时在邻线行车情况下，跨越邻线设置"作业标"存在人身安全风险。因此通过采取邻线限速与通信联系等安全控制手段，不必设置"作业标"对邻线运行的列车发出警示和预告。

3）确认列车开行

① 高速铁路仅运行动车组列车的区段，天窗结束后开行动车组列车前，应开行确认列车。开行确认列车应纳入列车运行图和调度计划。其他区段，天窗结束后首趟列车不准为动车组列车；扰动道床不能提前轧道的线路、道岔施工区段，施工开通后第一趟列车不准为旅客列车。

② 确认列车应由工务、供电、电务部门各指派专业技术人员随车添乘，对线路、接触网、信号、通信等设备的技术状态进行检查、确认。有相应地面、车载监测设备的电务、供电部门，可根据需要添乘。

③ 随车机械师负责开启和关闭操纵端司机室后车厢、站台侧门，供添乘人员上、下车。随机械师关闭车门后应及时通知司机。

④ 司机确认列车行车凭证、开车时间和车门关闭后，即可起动列车。

⑤ 添乘人员必须服从司机管理，不得干扰司机的正常操作。

⑥ 所有参加确认的人员，必须按规定时间、确认事项和内容报告确认情况。发现异常情况时，影响列车运行的确认信息，由添乘人员通过司机随时向列车调度员报告，同时向路局集团公司相关专业调度员报告。正常情况下，添乘人员于到达确认区段终点后，分别向路局专业调度员报告。

知识点 5　施工路用列车开行

路用列车是指不以营业为目的，专为完成铁路本身任务而开行的列车。如提速试验列车，运送铁路器材、路料的列车，因施工、检修需要开行的轨道车、接触网作业车、大型养路机械车组等。

1. 施工路用列车进入高速线运行的条件

① 必须装备列车运行监控装置或轨道车运行控制设备、机车综合无线通信设备。未装设或设备故障的禁止进入高速线运行。施工路用列车上高速线运行时，司机应在机车综合无线通信设备上注册车次，以便接收调度命令，与列车调度员（车站值班员）进行联系。

② 施工路用列车、轨道车运行速度低，在天窗时间外应严格控制其上高速线运行，因此应纳入施工、维修日计划，向调度所提供《自轮运转特种设备运行、作业计划表》，注明发站、到站、编组、运行径路、作业地点及转线计划，并经主管业务处室审核批准。未提供或内容不全的，禁止进入。

③ 在 GSM-R 区段，列车司机及有关人员应配备 GSM-R 手持终端，开车前将联系号码报告列车调度员和相关车站值班员。施工路用列车有关人员应互相通报联系方式，并进行通话试验。

2. 向封锁区间开行施工路用列车

施工路用列车在非封锁区间运行时，仍按该区间行车闭塞法行车。路用列车进入封锁区间时，不办理行车闭塞手续，以调度命令作为进入封锁区间的凭证。该命令中应包括列车车次、停车地点、到达车站的时刻等有关事项。需限速运行时，在命令中一并注明。调度命令格式为：

准许____站开____次路用列车，进入____站至____站间____行线，封锁区间____ km ____ m 至____ km ____ m 处，区间限速____ km/h，返回开____次，限____ 时____ 分前，到达____站。

3. 接发施工路用列车

① 施工路用列车一般未装备列控车载设备，需按地面信号显示运行。在常态灭灯的区段，接发施工路用列车时，进站、出站、进路和线路所通过信号机应点灯。

② 施工路用列车在车站开车前，需进行自动制动机简略试验时，由施工负责人指派胜任人员负责。因路用列车不挂列尾装置，司机无法利用列尾装置试风，车务应急值守人员不参与行车工作。因此，施工单位应对相关人员进行自动制动机简略试验方法的培训。

4. 施工路用列车的安全防护

① 天窗内所有影响施工路用列车运行的施工、维修作业，必须在施工路用列车通过后方可进行，并须在施工路用列车返回前结束。

② 施工单位应指派经过培训、合格的胜任人员携带无线通信设备值乘路用列车，并在区间协助司机作业。路用列车或施工机械进入施工地段时，应在防护人员显示的停车手信号前停车，再根据施工负责人的要求，按调车办法，进入指定地点。

③ 在区间推进运行时，必须安装简易紧急制动阀，施工单位指派胜任人员登乘列车前端，认真瞭望，及时与司机联系，必要时使用简易紧急制动阀停车或通知司机停车。

④ 同一封锁区间，原则上每端只开行一列路用列车。如超过，则其安全措施及运行办法由路局集团公司规定。有多台作业车进入同一区间时，作业车辆应组成综合作业车列合并运行，共用同一个调度命令进入区间、返回车站或到达前方站。作业车及车列由车站开往区间

后，由主体作业单位统一组织、协调，划分各作业车的范围及分界点。各作业单位必须严格按规定分别设置防护。

⑤ 施工路用列车由封锁区间进站时，司机得到列车调度员（车站控制时为车站值班员）同意后，方可进站。

⑥ 施工作业完毕，驻调度所（车站）联络员确认施工作业车全部到达车站后，方可申请办理开通区间手续。

任务 6.3　高速铁路动车组列车运行调整

6.3.1　拟完成的任务

列车运行调整是指列车调度员为保证列车按列车运行图正点运行，在确保行车安全的前提下，根据列车运行实际情况而采取的各种挖潜提效措施。

通过本任务的学习，给出高速铁路列车运行图（某区段示例），由教师指定其中某趟列车实际运行时晚点，要求学生分小组讨论，制订列车运行调整方案。

6.3.2　任务目的

（1）掌握高速铁路动车组列车运行的特点。
（2）掌握高速铁路列车运行调整的原则。
（3）了解各种情况的设备故障与抢修措施。
（4）能够对高速铁路列车运行进行调整。

6.3.3　所需设备

高速铁路沙盘。

6.3.4　相关配套知识

知识点 1　高速铁路动车组列车运行的特点

我国的高速铁路动车组列车运行具有以下 4 个特点。

① 高速铁路动车组列车运行，由于受到恶劣天气、自然灾害、设备故障和人为失误等因素的影响，致使动车组列车不能按规定速度、图定时分运行，致使列车运行晚点，打乱正常运行秩序。列车调度员应立即采取措施，调整列车运行，使晚点列车恢复正点或不增加晚点，尽力避免影响其他列车正点运行。

② 我国高速铁路普遍采用不同速度列车共线运行组织模式。动车组列车运行，不仅受到天、地、人、设备等因素的影响，而且受到运行速度、停站次数（时间）不同的动车组列车、普通旅客列车和货物列车的干扰，因此高速铁路动车组列车运行调整问题更加复杂。

③ 动车组列车运行速度高，运行途中不换挂机车，不进行技术作业停站时间短（2～

3 min），一旦出现晚点，难以恢复正点。动车组立即折返时间短（25～40 min），一旦动车组列车晚点到达，必然影响折返列车正点始发，影响其他列车正点运行。

④ 我国不同速度等级的高速铁路相互连接并与既有普速铁路连接。这些连接点上就有不同速度列车上、下高速线的问题。尤其是晚点列车上高速线如何调整的问题更加突出，往往成为列车运行调整的重点和难点。

知识点 2　高速铁路列车运行调整的原则

1. 列车调度员统一指挥

列车调度员是一个调度区段日常运输工作的组织者、指挥者。当列车受自然灾害等原因出现运行秩序紊乱、大面积列车晚点时，为调整列车运行计划，尽快恢复列车正常运行秩序，需要相应地调整动车组运用计划、乘务计划和施工维修计划。为此，有关工种调度员应在调度所值班主任（值班副主任）统一协调下，共同维护列车调度员编制下达的列车运行调整计划，并在其统一指挥下实施调整计划。

2. 安全第一

列车调度员调整列车运行、组织列车赶点、恢复正点时，必须坚持安全第一的原则，不得违反线路允许速度、动车组（机车、车辆）构造速度、最小停站时间、立即折返时间的规定，严禁违规指挥列车超速行车或通过有客运业务的车站，严禁采取危及行车安全和人身安全的调整措施。

3. 按列车等级顺序调整

我国高速铁路运行各种不同等级的列车：有 G 字头、D 字头动车组列车；有时速 200 km 以下的动车组列车和 Z、T、K 字头普速旅客列车；有的高速线上还有货物列车。各种列车按等级顺序调整的原则是：

① 保证重点、照顾一般，对中国国家铁路集团有限公司要求重点掌握的列车，不论列车等级，必须保证其安全、正点运行。

② 先动车、后旅客列车；先 G 字头、后 D 字头；先旅客列车、后货物列车。

③ 遇同等级列车时，晚点列车不影响正点列车运行，并尽力做到接晚不增晚，逐段赶点，尽快恢复正点。

知识点 3　高速铁路列车运行调整的主要措施

1. 充分利用富余的区段通过能力

从高速铁路旅客列车开行方案和列车运行图可以看出，高速铁路区段通过能力有一定的富余，尤其是 200～250 km/h 低等级客运专线和部分先期开通运营的高等级客运专线（如徐兰高速铁路的郑西、西宝段）区段通过能力富余更多。各个时间段的列车运行线间均有一定空闲时间，尤其是非早、晚时间段，空闲时间更多。调整列车运行时，可以充分利用这些空闲时间，铺画晚点列车的运行线，既可避免晚点列车增加晚点时间，又不会影响正点列车运行。

2. 充分利用备用运行线

我国高速铁路多按暑运、春运等高峰流确定行车量，编制基本列车运行图，并留有备用运行线，供列车运行调整使用。日常、周末使用的分号运行图，从基本运行图中抽出的列车运行线，也可视为备用运行线，同样可供调整列车运行使用。

3. 充分利用冗余时间

高速铁路施工维修采用垂直天窗，天窗前后有一个"三角区"，可利用"三角区"调整列车运行。其次，由于不同等级列车运行的速度差、时间差，以及区间运行时分的不均衡，高等级列车越行低等级列车时，在一些区间将留下长短不同的冗余时间，也可以用来调整晚点列车。

4. 充分利用线路允许速度和动车组构造速度

高速铁路图定列车运行速度普遍低于线路允许速度和动车组构造速度。高速铁路站间距较长，在保证行车安全的前提下，一个区间赶点 1 min，一个区段赶点 5 min 是可能的。列车调度员组织列车赶点时，事前要向司机说明原因，征得司机同意，不能强令执行。

5. 组织平行快速作业，压缩停站（折返）时间

高速铁路列车运行图定停站时间虽然较短，但是动车组一般不办理行邮作业，旅客携带行李较少，如能组织站、车有关作业人员提前做好准备，也能在保证旅客乘降安全的前提下，逐站压缩停站时间，使晚点列车逐步恢复正点，特别是因列车晚点到达折返站而影响列车始发正点时，列车调度员应大力组织平行快速作业，压缩列车折返作业时间，使晚点列车恢复正点始发。这是经常采用的一种列车运行调整措施。

6. 组织列车反方向运行

高速铁路均为双线 CTC 集中调度，设有 CTC 列控系统。列车调度员调整列车运行时，可利用上行线或下行线的空闲区间，组织列车反方向运行。但是，旅客列车仅在正方向区间的线路封锁、因故中断行车及正方向设备故障严重影响列车运行秩序，而反方向自动站间闭塞设备良好等特殊情况下，经调度所值班主任（值班副主任）准许，方可反方向运行列车。反方向运行时，列车调度员应确认区间空闲，向司机发布列车反方向按自动站间闭塞运行的调度命令。动车组列车反方向运行时，要按最高允许速度运行，确保反方向行车安全。在 CTCS-3 级区段，CTCS-3 级列控系统最高允许速度为 300 km/h，CTCS-2 级列控系统最高允许速度为 250 km/h；在 CTCS-2 级区段，在 250 km/h 线路最高允许速度为 200 km/h，在 200 km/h 线路上最高允许速度为 160 km/h。

7. 遇设备故障、严重影响列车秩序等特殊情况时可启用热备动车组

知识点 4　高速铁路列车运行调整注意事项

高速铁路列车运行速度高，停站时间短，通过列车运行调整，使晚点列车恢复正点，单凭个别区段的列车调度员努力是不够的，必须组织有关区段，有关工种调度员，有关站、车作业人员，密切配合，共同努力，结合实际情况，综合利用各种有效的调整措施，最终才能实现列车运行调整计划。

利用计算机网络编制列车运行调整计划，一般采取人机对话方式，由计算机编制初步方案后，人工进行局部调整；或由计算机提出多个可行方案，人工挑选其中一种，再进行局部人工调整，直至列车调度员满意为止。列车调度子系统能够自动将列车运行调整计划传输给有关站段与调度台。

如列车运行调整计划与调度日计划有较大变化时，应将变化较大的部分，以调度命令的形式下达给有关站段，并通知有关工种调度员。如涉及动车组交路调整或启用热备动车组时，

应及时通知动车调度员；如列车晚点较多，需组织旅客换乘等情况时，要及时通知客服调度员和客运作业站做好旅客安抚和组织工作。如涉及列车交接时间变化时，应及时通知相邻区段列车调度员。

知识点 5　设备故障与抢修

① 列车调度员（车站值班员）发现或接到线路、信号、通信、供电等固定行车设备故障的报告后，应立即进行处置，通知设备管理单位，在《行车设备检查登记簿》内登记。危及列车运行安全时，立即采取应急措施、拦停列车，通知区间运行的列车停车或限速运行。

② 高速铁路固定设备故障需临时进入封闭网上道进行检查、故障抢修作业时，须在《行车设备检查登记簿》内登记，提出限速条件，并经列车调度员同意后，方可上道作业。上道检查、故障抢修作业完毕，确认人员、机具已全部撤出封闭网外，才能在《行车设备检查登记簿》内销记。高速铁路列车运行速度高，为保证行车和作业人员的安全，处于使用中的行车设备，严禁进行维修作业。

③ 高速铁路处理设备故障需临时开行路用列车、轨道车时，由设备管理单位提出申请，经调度所值班主任（值班副主任）准许，列车调度员发布调度命令。因为路用列车、轨道车速度较低，如上高速线运行，对高速铁路列车运行秩序和高速动车组列车运行都会带来不良影响。所以路用列车、轨道车在天窗时间外上线应严加控制。

④ 当设备发生故障，需在双线区间之一线上道检查、处理设备故障时，本线应封锁、邻线列车限速 160 km/h 及以下。设备管理单位应在《行车设备检查登记簿》内登记，提出本线封锁、邻线列车限速 160 km/h 及以下的申请。列车调度员（车站值班员）签认或列车调度员发出本线封锁、邻线限速的调度命令后，方可上道作业，本线、邻线可不设置防护信号。

任务 6.4　高速铁路列车应急处置

6.4.1　拟完成的任务

列车调度员是一个铁路区段或一个铁路枢纽的组织者和指挥者，担负着确保铁路安全生产组织、施工组织及各部门间协调工作，实现列车运行图、编组计划及完成日班计划和各项经营指标的重任。作为列车调度员，要有较高的综合素质，应急处置能力是必不可少的。

学习常见高铁故障应急处置方法后，把学生分为若干小组，每组 5~6 人，教师设置高铁行车故障，小组讨论并整理相应的应急处置办法。

6.4.2　任务目的

掌握高速铁路列车应急处置的办法。

6.4.3　所需设备

高速铁路沙盘。

6.4.4 相关配套知识

知识点1 常见高速铁路列车应急情况处置方法

1. CTC设备故障

① 列车调度员向值班主任汇报。
② 登记《行车设备检查登记簿》，通知电务人员对故障进行检查处理。
③ 指示车务应急值守人员担当车站值班员，转为非常站控模式行车。
④ 车务应急值守人员按《非常站控接发列车作业标准》接发列车，及时开放信号。
⑤ 根据设备管理部门的销记，并确认具备转回分散自律模式条件后，指示在站转回分散自律控制模式。

2. 无法通过CTC设置限速

① 列车调度员立即关闭进入该限速地点的信号，若列车已经临近限速地段，应立即呼叫司机停车。
② 报告值班主任。
③ 登记《行车设备检查登记簿》，通知电务人员对故障进行检查处理。
④ 使用调度命令无线传送系统，向有关司机发布人工控制速度（最高不超过40 km/h）越过该限速区段的限速调度命令。确认司机签收后，开放相关信号。
⑤ 确认设备管理单位销记后，恢复正常行车。

3. 进路上轨道电路红光带接发列车

① 列车调度员向值班主任汇报。
② 登记《行车设备检查登记簿》，通知工务、电务设备管理单位对故障进行检查处理。
③ 根据工务、电务上道检查的申请，在本线封锁、邻线限速160 km/h后，方准同意检查人员上道作业。
④ 如故障暂时不能修复，得到线路空闲的报告、确认工务人员设备正常的销记后，准备进路（故障轨道电路区段道岔应单独锁闭），办理引导接发列车进路。若红光带道岔不在所需位置，人工摇动后，按"进路上道岔无表示接发列车"的处置要点办理。
⑤ 确认设备管理单位销记后，恢复正常行车。

4. 进路上道岔无表示接发列车

① 列车调度员向值班主任汇报。
② 登记《行车设备检查登记簿》，通知工务、电务设备管理单位对故障进行检查处理；通知车务应急值守人员。
③ 根据工务、电务上道的申请，在本线封锁、邻线线路限速160 km/h后，方准同意检查人员上道作业。
④ 如故障暂时不能修复，通知车务应急值守人员组织工务、电务人员检查准备进路，听取进路道岔位置正确、加锁完毕、进路准备妥当的报告。
⑤ 发布调度命令，动车组列车以调度命令作为行车凭证，按目视行车模式进出车站。
⑥ 确认设备管理单位销记后，恢复正常行车。

5. 区间闭塞分区非列车占用红光带

① 列车调度员应立即通知区间内已进入故障地点及后续的列车司机立即停车。

② 向值班主任汇报。

③ 登记《行车设备检查登记簿》，通知工务、电务设备管理单位对故障进行检查处理。

④ 根据工务、电务上道检查的申请，在本线封锁、邻线限速 160 km/h 后，方准同意检查人员上道作业。

⑤ 根据设备单位在《行车设备检查登记簿》登记的放行列车条件放行列车，有关设备部门未销记确认可以放行列车前，不得再向该区间放行后续列车。

⑥ 设备故障暂时无法恢复，具备放行列车条件时，根据设备单位在《行车设备检查登记簿》登记的行车条件，确认区间空闲后，改按站间掌握行车。待故障地点（发生两处及以上故障时，为前进方向第一故障地点）前的列车运行至前方站，对区间内已进入故障地点及后续的列车，列车调度员确认列车至前方站间区间空闲后，通知列车司机故障闭塞分区起止里程，逐列恢复运行至前方站（指示后列恢复运行前，必须确认前列已完整到达前方站）。

⑦ 如接到司机或设备部门发现断轨等危及行车安全情况的汇报时，列车调度员应立即通知区间内有关列车司机立即停车。

⑧ 确认设备管理单位销记后，恢复正常行车。

6. 调度所及车站 CTC 设备均不能正确显示列车占用状态

① 列车调度员应立即停止向故障区间（车站）发出列车，列车已进入该区间（车站）时，首先立即通知该列车的后续列车司机停车，然后通知已进入故障区间（车站）的列车司机停车。

② 登记《行车设备检查登记簿》，通知电务设备管理单位对故障进行检查处理。

③ 根据电务上道检查的申请，在本线封锁、邻线限速 160 km/h 后，方准同意检查人员上道作业。

④ CTC 设备不能正确显示列车占用状态故障暂时无法恢复，具备放行列车条件时，通知车站转为非常站控工作模式，对已进入区间的列车调度员确认列车至前方站间区间空闲后，通知列车司机逐列恢复运行（指示后列恢复运行前，必须确认前列已完整到达前方站），司机按信号显示行车，逐列运行至前方站。

⑤ 确认设备管理单位销记后，恢复正常行车。

7. CTC 区间列车占用丢失报警或发现及得到区间列车占用丢失信息

① 列车调度员应立即通知已进入区间的后续列车和占用丢失的列车司机立即停车，联系占用丢失的列车司机，询问列车位置及现场情况。

② 登记《行车设备检查登记簿》，通知电务设备管理单位对故障进行检查处理。

③ 列车占用丢失故障暂时无法恢复，占用丢失的列车运行无异常，具备放行列车条件时，对已进入区间的占用丢失的列车和后续列车，列车调度员确认列车至前方站间区间空闲后，通知列车司机逐列恢复运行（指示后列恢复运行前，必须确认前列已完整到达前方站），司机按信号显示行车。

8. CTC 站内股道列车占用丢失报警或发现及得到站内列车占用丢失信息

① 立即停止使用该故障区段，联系司机询问列车位置及现场情况。

② 列车调度员向值班主任汇报。

③ 登记《行车设备检查登记簿》，通知电务设备管理单位对故障进行检查处理。

④ 经设备部门检查处理后按照设备部门登记的行车条件组织行车。

9. 因临时限速而设置列控限速

① 列车调度员确认有关单位限速的登记，报告值班主任。

② 拟定列控限速命令，如列车已临近限速地点，先扣停列车，再通知司机限速地点及限速里程。

③ 发布限速调度命令，设置列控限速并确认设置成功。

④ 办理接发车进路。

⑤ 确认有关单位恢复常速的销记，取消列控限速并确认取消成功。

10. 变更办理客运业务的动车组列车接发股道

① 列车调度员确定变更接发动车组列车的股道，该列车在该站办理客运业务，须经值班主任准许，列车调度员发布调度命令（在分散自律模式下，该命令还应发给车务应急值守人员）。

② 下达列车运行调整计划，监控进路序列变更情况。

③ 确认进路准备妥当、信号开放正确。

11. 动车组故障不能继续运行请求救援

① 列车调度员接到司机报告后，立即扣停后续列车，报告值班主任。

② 根据实际情况，组织热备动车组或内燃机车担当救援，向救援动车组、有关车站下达开行救援列车的调度命令。向救援列车进入封锁区间的调度命令。

③ 接到司机进行连挂作业的请求后，列车调度员发布邻线列车限速 160 km/h 及以下的调度命令，告知救援列车司机。

④ 得到救援列车连挂完毕，人员上车后的报告，取消邻线列车限速 160 km/h 的调度命令。

⑤ 救援完毕，确认区间空闲后，开通区间，恢复正常行车。

12. 动车组被迫停在高架桥、隧道，旅客需要疏散并换乘

① 列车调度员接到司机报告后，立即扣停后续列车，下达邻线区间封锁的调度命令，报告值班主任。

② 组织热备动车组列车担当救援，向救援动车组、有关单位下达开行救援列车的调度命令。

③ 与被救援列车司机联系，确定停车位置。

④ 向救援列车发布进入封锁区间的调度命令。

⑤ 救援列车到达指定位置停车换乘后，列车调度员通知被救援列车司机救援列车已到达指定位置。

⑥ 救援完毕，确认区间空闲后，下达开通区间的调度命令。

13. 列控车载设备故障（重新启动后不能恢复正常使用）

① 列车调度员报告值班主任，通知电务设备管理单位对故障进行检查处理。

② 因列控车载设备故障（地面信号设备正常，以电务部门在《行车设备检查登记簿》的登记为准），不能恢复正常运行，车站具备旅客换乘条件时，应组织旅客在车站换乘；车站不具备旅客换乘条件的或因地面信号设备故障导致列控车载设备不能正常使用的，在车站出发时，按如下要求办理：

a) 列车调度员应及时通知担当本务机务段指派胜任人员添乘盯控；

b）列车调度员确认该列车至前方站列车占用后,发布将列控车载设备转入隔离模式以不超过 40 km/h 的速度运行到前方站的调度命令,对装备 LKJ 的动车组列车发布改按 LKJ 方式运行的调度命令。待该列到达前方站后方可放行后续列车。

③ 已在区间内运行的未装备 LKJ 的动车组列车因列控车载设备故障,不能恢复正常运行时,司机应报告列车调度员,列车调度员不再向该区间放行后续列车,并通知已进入区间的后续列车立即停车,确认该列车至前方站间区间空闲后,发布调度命令,司机根据调度命令将列控车载设备转入隔离模式,以不超过 40 km/h 的速度运行至前方站进站信号机,按其显示运行。

④ 该列车到达前方站后,列车调度员方可通知后续列车恢复运行。列车到达前方站后,根据电务人员对设备的修复情况及运输组织情况,确定下一步的运输组织方案。

⑤ 设备修复后,恢复正常行车。

14. 接触网故障停电

① 列车调度员接到接触网停电的报告后,立即通知供电调度员确认停电范围,及时扣停未进入停电区域的列车。

② 报告值班主任,登记《行车设备检查登记簿》,通知设备管理单位。

③ 根据设备管理单位在《行车设备检查登记簿》登记的停电范围、接触网停电行车限制要求,向有关车站发布接触网停电行车限制调度命令。

④ 当接触网跳闸重合失败后强送电成功原因不明时,根据供电调度员的限速申请,对本线及邻线进入该区间的首列列车,发布限速 160 km/h 的调度命令并设置列控限速,限速位置按故障标定装置指定地点(以供电调度的通知为准)前后各加 3 km 确定。列车调度员应通知司机注意观察接触网设备状态,将司机汇报的情况通知供电调度员。

⑤ 根据供电部门的申请,及时通知有关车站,发布调度命令,组织开行接触网轨道车抢修。

⑥ 确认设备管理单位销记,发布接触网恢复供电、取消列车限速的调度命令,取消列控限速设置,恢复正常行车。

15. 动车组列车被迫停在接触网分相无电区

① 列车调度员接到报告后,立即将情况及停车地点通知供电调度员,由供电调度员确定是否利用闭合分相网上远动开关实施救援。

② 停止向该区间放行后续列车,对已进入该区间的列车,通知前行动车组列车停车位置,要求列车司机不得进入该闭塞分区。

③ 能够利用闭合分相网上远动开关实施救援时,确认被迫停车的动车组列车已降下受电弓,在前行所有列车离开被迫停车动车组离去方向供电臂后,通知供电调度员,发布接触网停电行车限制调度命令。

④ 供电调度员对离去方向供电臂接触网停电(并联供电时需先解环,再停电),并通过闭合分相开关实现向离去方向供电臂接触网送电后通知列车调度员。列车调度员接到通知后,命令分相区内动车组司机升弓受电开车。

⑤ 得到司机升弓受电开车驶出分相区的报告后,列车调度员通知供电调度员。供电调度员断开网上分相开关,并在恢复离去方向供电臂的正常供电方式后通知列车调度员。列车调度员通知离去方向供电臂单元的动车组升弓运行,解除离去方向供电臂接触网停电行车限制

措施,当离去方向供电臂范围内含有车站时,应上、下行供电臂同时停电后再通过闭合分相开关实现向离去方向供电臂接触网送电。

16. 动车组列车在区间被迫停车后须返回后方站

① 列车调度员接到司机报告后,须立即扣停进入该区间的后续列车,并在 CTC 操作终端上将列车进路由自动触发改为人工控制。

② 列车调度员确认该列车至后方站间无列车占用后,方可排列返回列车在后方站的接车进路。

③ 发布准许列车返回后方站的调度命令。

注意:如被迫停车的列车须返回后方站而后续列车已进入该区间时,应先向已进入该区间的后续列车发布调度命令,指示其返回后方站。

17. 通信故障

① 列车调度员确认设备故障现象,向值班主任汇报。

② 登记《行车设备检查登记簿》,通知设备管理单位人员。

③ 根据《行车设备检查登记簿》中登记的停用及影响范围,执行如下规定:

a) 造成列控车载设备不能使用时,按本任务 "13. 列控车载设备故障" 情况下的应急处置要点执行;

b) 影响 CTC 系统使用时,指示车站转为非常站控模式;

c) 列车调度台通信故障时,列车调度员应利用一切通信方式,布置车站使用 FAS 或 GSM-R 手持终端,转告列车司机通信故障情况,列车运行途中的有关行车事项直接向车站报告。

18. 封闭网内有闲杂人员、家畜、牲畜

① 列车调度员接到报告后,立即通知列车司机(包括邻线列车)在该地点注意和减速运行。

② 通知公安人员处置。

③ 根据公安人员处置完毕的汇报,恢复正常行车。

19. 发生地震等自然灾害

① 列车调度员立即关闭有关信号,呼叫列车司机停车;车务应急值守人员应立即转为非常站控模式,关闭有关信号,呼叫列车司机停车。

② 列车调度员立即报告值班主任,通知各设备单位检查设备情况。

③ 列车调度员指示未转为非常站控模式的车站转为非常站控模式,车务应急值守人员立即通知干部上岗。

④ 列车调度员发布调度命令,封锁上、下行区间。

⑤ 掌握现场有关情况,随时向上级领导汇报。

⑥ 接到地震险情排除,设备正常的汇报,确认设备单位在《行车设备检查登记簿》上的销记,发布开通区间的调度命令。严格按照设备单位登记的行车条件组织行车。

知识点 2　高速铁路列车应急情况处理的其他要求

① 行车应急处置期间需转为非常站控模式时,要严格执行《关于规范客运专线车站专业管理的通知》(运调技术〔2010〕138 号),以及各路局集团公司制定的《行车组织细则》中

转换时机及干部盯控的相关规定。

② 行车应急处置期间转为非常站控模式的，列车调度员与车站值班员要按照相关规章的要求办理相关行车工作。

③ 行车应急处置期间，列车调度员与车站要加强安全信息的联系和沟通，相互提醒和卡控，确保行车安全。

实训 6

案例 1

案例描述：2015 年 6 月 3 日终到西安北站的 G83387、G823、G663 次列车终到入库后，发现动车组轮对均有多处硌伤（但不超限，仍能上线运行）。西安路局集团公司根据中国国家铁路集团有限公司的有关规定，利用当日综合维修天窗时间，开行轮对良好的 D5731 列车，对西安北至华山北间线路进行排查，最终查找到：在华山北至渭南北站下行线 K992+030 处，轨面上有两颗铁钉，经碾压后与钢轨黏为一体，轨面上有异物是硌伤轮对的原因。列车调度员当即下令封锁华山北至渭南北站间下行区间，直至 6 月 4 日 8 时工务打磨处理完毕，列车调度员才下令开通该区间，严重影响列车运行正点情况。

要求：分析案例，提出合适的运行调整措施。

提示：经过分析，本案例中西安北站遇到的问题，可采取如下运行调整措施。

① 组织 DJ5731 次列车利用上行线反方向运行，保证折返开行的 G2002 列车次正点始发。因图定 D5731 次终到西安北站后，7：41 折返开行 G2002 次，如不组织其反方向运行，必将造成 G2002 次晚点始发。

② 启用热备动车组，加开 D7008/7 次，弥补对华山北至渭南北站下行线的检查确认。由于 D5731 次利用上行线反方向运行，造成遗漏检查确认下行线。为此，列车调度员提前起动西安北站的热备动车组，开行 D7008 次于 7：46 到达华山北站待命。8 点华山北至渭南北站下行区间开通后，8：02 开行 D7007 次，弥补对该下行线的检查，确认方便快捷。

案例 2

案例描述：2012 年 2 月 2 日 12：30，某高速铁路（CTCS-3 级 300～350 km/h 区段）甲站上行进站信号机内方第一轨道电路 108DG 红光带，影响上行进站信号机不能开放。列车调度员立即呼叫 G32 次、G2 次停于邻站（乙站）上行区间，并通知邻局调度不再向该区间放行列车。登记《行车设备检查登记簿》，通知电务、工务部门派人上线检查，并报告值班副主任。

12：47，工务、电务要求上线检查。

12：54，列车调度员发布上行线封锁、下行线限速 160 km/h 的调度命令，准许工务、电务作业人员上线检查。

13：12，列车调度员发布命令，准许 G32 次以不超过 40 km/h 的速度（目视模式）越过出站信号机，并以调度命令作为行车凭证。13：15，G32 次接命令后开车，13：20 停于进站信号机外第一闭塞分区内。司机反映，进站信号机红灯，改目视模式须在进站信号机前 150 m 内停车后操作，因甲站信号机前有分相绝缘无电区，40 km/h 速度列车无法越过分相绝缘。

13：28，经电务部门处理，红光带消失；13：36 工务、电务人员下线后，列车调度员又发布调度命令，并收回行车凭证，G32 次 13：37 正常开车。本案例从发现红光带至恢复正常行车，耗时1：07，处置时分太长。

　　要求： 分析本案例中的错误之处，并给出正确的处理办法。

　　提示： 列车调度员应急处置过程存在两处严重问题：一是在上道检查作业人员未下道的情况下，发布调度命令，通知司机采用目视模式进站，给上道作业人员人身安全带来隐患。二是行车凭证错误，站内轨道电路红光带，进站信号机不能开放时，助理调度员确认接车线路正常后，可以办理引导接车进路，开放引导信号，通知司机以引导模式进站，而不是以调度命令为行车凭证进站。如出站信号机内方第一轨道电路区段出现红光带，采取应急处置，办理引导发车的程序为：列车调度员（车站值班员）登记《行车设备检查登记簿》，通知工务、电务人员对故障进行检查处理。根据工务、电务人员申请在本线封锁、邻线限速后，方可同意检查人员上道作业（因高速铁路实行全封闭）。如故障暂时不能修复，得到发车进路空闲报告、确认设备正常销记后，命令助理调度或扳道员准备引导发车进路，按规定对有关道岔进行单独锁闭或用钩锁器加锁。列车调度员确认第一闭塞分区空闲（LKJ控车时应确认区间空闲）、发车进路确认正确或听取扳道员汇报发车进路准备妥当后，开放引导信号发车。行车凭证为：CTCS-3级和信号机常态灭灯的CTCS-2级控车时，发车凭证为列控车载设备显示的允许运行的速度值；LKJ控车、出站信号机点灯时，行车凭证为出站信号机显示的允许运行信号；出站信号、引导信号均不能开放时，行车凭证为调度命令。

【项目考核】

1. 理论考核

通过完成以下题目，获得理论考核成绩（见表6-1），满分60分。

1）简答题

（1）简述路局集团公司高铁调度组织机构的组成。

（2）列车调度员（列车调度岗位）主要职责是什么？

（3）列车调度员（助理调度岗位）主要职责是什么？

（4）简述高速铁路调度的报告制度。

（5）高速铁路调度日计划的内容包括哪些？

（6）有计划临时加开、停运、定员变化或变更客运业务停站时，动车组列车调整有何规定？

（7）高速铁路列车运行调整的原则有哪些？

（8）高速铁路列车运行调整的主要措施有哪些？

2）技能题

案例描述： 2014年1月某日09：46，某高速铁路（CTCS2级，200~250 km/h区段），D7704次列车司机报告：甲站内上行线K59+800处接触网挂有塑料袋。列车调度员立即布置助理调度员将后续D7706次列车乙站发车进路改为非自动触发。10：39，列车调度员根据供电调度1005号通知，发布187206号调度命令：D7706次甲站上行线K60+100~K59+300处降弓运行。与司机核对调度命令后，布置助理调度员将乙站发车进路恢复为自动触发，此时D7706次列车已经接近乙站，助理调度员发现发车进路未触发，在未确认乙站是否营业，也未得到列车调度员指示的情况下，就擅自人工触发D7706次列车乙站发车进路，形成通过进路，经司机校对而未造成营业站通过的后果。

要求：对此案例进行评述，指出错误，并提出正确处置措施。

表 6-1　理论考核成绩表

题号		总分	得分	亮点
简答题	（1）	6 分		
	（2）	6 分		
	（3）	6 分		
	（4）	6 分		
	（5）	6 分		
	（6）	8 分		
	（7）	6 分		
	（8）	6 分		
技能题		10 分		
总分：			教师签名：	

2. 素质考核

通过考核以下项目，获得素质考核得分（见表 6-2），满分 40 分。

表 6-2　素质考核成绩表

序号	评价内容（每项 10 分）	得分	亮点
1	出勤情况		
2	课前预习情况		
3	课堂表现		
4	任务完成情况		
总分：		教师签名：	

项目 7　高速铁路施工维修组织

【项目描述】

在高速铁路列车速度和密度不断提高的同时，人们对高速列车运行安全性的关注也越发强烈，高速铁路的施工维修就显得尤为重要。确定科学的维修管理体制，采用优化合理的施工维修组织方法，保持高速铁路列车控制系统、牵引供电系统和线路、桥梁状态的高质量、高标准，是保证高速列车安全运行的必要条件，也是提高旅客服务质量的技术关键。本项目主要从高速铁路施工维修作业组织、维修计划管理、施工维修登记等方面介绍高速铁路施工维修组织的内容。

【知识目标】

（1）熟悉高速铁路施工维修计划的编制与审批流程。
（2）掌握发布运行揭示调度命令的规定。
（3）了解维修计划管理相关内容。
（4）熟悉施工维修登记相关要求。

【能力目标】

了解施工维修组织相关内容，合理安排施工天窗。

任务 7.1　高速铁路施工维修作业组织

7.1.1　拟完成的工作任务

5~6人一组，查阅国内外高速铁路维修管理概况，进行总结性发言。

7.1.2　任务目的

（1）了解高速铁路固定设备设施养护维修体系的三个基本环节。
（2）了解高速铁路施工维修的特点。
（3）了解高速铁路施工维修计划。

7.1.3 所需设备

高速铁路沙盘。

7.1.4 相关配套知识

知识点 1　高速铁路施工维修作业概述

高速铁路施工维修是指影响高速铁路设备稳定、使用和行车安全的各种施工作业，按组织方式、影响程度分为施工和维修两类。

1. 高速铁路固定设备设施养护维修体系的三个基本环节

高速铁路固定设备设施养护维修体系的三个基本环节是管理、检测和维修。

"管理"指的是高速铁路固定设备设施的管理，包括维修制度的制定、维修计划的编制、维修计划的审批、维修与行车作业的协调、日常的调度指挥和调整、检测维修质量的验收等。

"检测"指的是对高速铁路固定设备设施的日常检测和定期检测，一般采用日间轨道检测车在天窗时间内的巡检方式和临时检测的方式，确定固定设施设备（包括线路、牵引供电、接触网和通信信号固定设备）的质量及状态，并提交检测信息和提出修理建议，是进行养护维修的依据。

"维修"指的是对高速铁路固定设施设备所进行的施工维修作业，一般分为工务、电务和供电三种专业类型，不同作业类型的作业项目有较大差别。

根据管理、检测和维修三个环节所属的部门和相互间隶属关系的不同，可将高速铁路固定设备设施养护维修工作划分为不同的维修管理体制，典型的有"管检修一体"的维修管理体制和"管检修分离"的维修管理体制。

2. 高速铁路的维修制度

对于高速铁路，一般根据设施设备的状态实行预防性计划维修和临时补修的修理制度。预防性计划维修是根据设备设施状态的变化规律和特点，采用大型维修作业机械，有计划按周期地进行修理。临时补修是根据设施设备的运用状态，有针对性地进行单项或多项临时性修理。

国内外高速铁路一般采用综合维修制度，对线路、供电、通信信号等固定设备进行日常检修和维护。由于其高密度行车的运输特点，白天列车运行时段内很难利用运行间隔进行维修作业，一般安排在夜间的空闲时间维修。

高速铁路综合维修的主要形式是天窗修，它是解决列车运行与设备维修施工之间矛盾的技术措施。采用预留无列车运行的"综合维修天窗"作为各设备管理单位共同进行设备维护、检修、施工的时间，既保证了运输安全，又为行车设备的养护创造了条件。

3. 高速铁路施工维修的特点

① 高速铁路列车运行图安排综合天窗，应按垂直天窗设置，大窗时间应固定，每月不少于 240 min。

② 天窗内施工前后不应限速。

③ 为适应高速铁路施工和维修体制，综合天窗按专业相对固定作业日期，每旬逢二、五、八以电务作业为主，每旬逢一、四、七以工务作业为主，每旬逢三、六、九、十以供电作业为主，分别指定施工主体单位。在不影响主体施工单位作业的情况下，可安排其他单位

的作业，实现天窗的"一点多用、平行作业、综合利用"。

④ 天窗结束后开行动车组列车前，应开行确认列车，确认列车开行纳入列车运行图。

知识点 2　高速铁路施工维修计划

从施工单位提出施工需求到施工方案的确定、执行，工作流程复杂，涉及的部门较多，在此过程中，施工维修计划贯穿全部，起着联系、协调各有关部门，指导施工执行的重要作用。因此，只有高质量地完成施工维修计划的编制工作，才能从根本上保障铁路施工工作的顺利成功实施。

1. 高速铁路施工计划

1) 高速铁路施工计划的编制与分类

高速铁路施工计划的编制统一按照我国《铁路营业线施工安全管理办法》实施，实行中国国家铁路集团有限公司（简称中国铁路）、路局集团公司、车务段（直属站）"分级管理、逐级审批"的制度。中国铁路审批的施工，由路局集团公司进行施工方案审核和施工计划编制，并制定运输调整方案和安全措施。中国铁路运输局组织相关部门进行审批，运输调整由运输部门负责，施工方案由各专业部门对口负责。路局集团公司依据中国铁路的批复，编制具体施工计划并组织实施。维修计划和中国铁路负责审批以外的施工计划，则全部由路局集团公司负责审批。正线、到发线以外的对运输影响较小的施工计划审批权限，由路局集团公司界定。

营业施工计划分为年度轮廓施工计划、月度施工计划、施工日计划和维修计划。我国高速铁路不编制年度轮廓施工计划。中国铁路运输局负责审批高速铁路月度施工计划；路局集团公司运输处负责组织本局月度施工计划；路局集团公司调度所负责编制施工日计划，中国铁路管理的施工的日计划须由路局集团公司调度所报运输局调度部审核。

2) 月度施工计划

月度施工计划是确定施工封锁时间和安排施工、维修作业的依据。路局集团公司运输处负责编制月度施工计划。

① 施工单位应于每月 9 日前将次月施工计划上报路局集团公司主管业务处（建设项目施工计划应先报项目管理机构预审，再报主管业务处）。各业务处对施工计划进行审查汇总，由主管处长批准后，于 11 日前向运输处提出月度施工计划申请表。

② 运输处每月组织相关业务处和主要施工单位审查编制月度施工计划，主要内容报分管运输副局长决定。

③ 月度施工计划经分管副局长批准后，以路局集团公司文件下发各站段和有关施工单位。

3) 施工日计划

日计划是由施工单位或设备管理单位根据月度施工计划批准的施工项目，提报的当日施工作业安排，是调度员进行行车组织调整、发布施工命令的依据。路局集团公司调度所负责路局集团公司施工日计划的编制。

① 施工单位于施工前 3 日将施工计划申请报路局集团公司主管业务处（建设项目施工计划应先报项目管理机构预审，再报主管业务处）。经主管业务处审核（盖章）后，于施工前 2 日 9：00 前向调度所施工调度室提报施工计划申请。

② Ⅰ级施工、中国铁路管理的施工项目，调度所于施工前2日15：00前将施工计划申报中国铁路运输调度处，运输局调度处根据中国铁路月度施工计划和批准的施工文电进行审核后，于施工前2日18：00前将施工日计划反馈相关路局集团公司调度所。

③ 编制施工日计划应以月度施工计划为依据，施工调度室应将主管业务处提报的施工计划申请与月度施工计划（批复文电）进行核对，编制施工日计划，经路局集团公司运输处主管副处长或调度所主任（副主任）审批后，纳入调度日计划。Ⅰ级施工和中国铁路管理的施工项目的施工日计划于施工前1日15：00前报运输局调度处。

④ 施工调度室于施工前1日12：00前（0：00—4：00执行的施工日计划为前1日08：00前）将施工日计划下达有关动车段、机务段、车务段（直属站），传（交）主管业务处、相关列车调度、计划调度、供电调度台，主管业务处负责通知施工单位、配合单位，车务段（直属站）负责通知相关车站。

2. 高速铁路维修计划

高速铁路维修计划实行日计划，编制程序如下。

① 设备维修单位于维修作业前3日向本路局集团公司主管业务处室提报计划申请，路局集团公司主管业务处室根据设备管理单位的提报，与其他相关业务处室沟通协调后编制本专业维修计划，于维修作业前2日9：00前报路局集团公司调度所施工调度室，施工调度室负责审核维修日计划。

② 施工调度室于维修作业前1日12：00前将维修日计划传（交）有关调度台及主管业务处室、相关车务段（直属站）。主管业务处室负责通知作业单位、配合单位，车务段（直属站）负责通知相关车站。

③ 综合利用天窗时间，由路局集团公司调度所指定维修主体单位，维修主体单位的确定方法由路局集团公司规定。

3. 延伸段的施工计划与维修计划

路局集团公司所管设备越过局间分界站延伸至邻局调度指挥区段时，延伸段的施工由施工单位向本局提报施工方案，本局按规定程序审核。施工方案审核后，由施工单位于每月9日前向邻局运输处提报次月施工计划（附带施工方案审核资料），由邻局安排月度施工计划，中国铁路管理的施工项目由邻局按规定报中国铁路审批。施工单位于施工前3日将施工计划报本局主管业务处。经主管业务处审核（盖章）后，于施工前2日9：00前向邻局调度所施工调度室提报施工计划申请，由邻局调度所编制、下达施工日计划，发布相关运行指示和施工调度命令。施工现场组织实施工作由本局负责。

注意：在线间距不足6.5 m地段进行清筛、成段更换钢轨及轨枕、成组更换道岔、成锚段更换接触网线索作业时，邻线列车应限速160 km/h及以下，并按规定进行防护。施工单位在提报施工计划时，应提出邻线限速的条件。调度所编制施工日计划运行揭示调度命令时，应注明施工地段邻线限速条件。

4. 发布运行揭示调度命令的规定

① 施工调度室须依据施工计划和主管业务处提报的灾害、故障涉及限速、行车方式变化的申请及"常用运行揭示调度命令基本用语"编制运行揭示调度命令。

② 运行揭示调度命令内容应包括"时间、地点、因由、速度、行车方式变化、设备变化"等要素。

③ 运行揭示调度命令须一人拟写，另一人核对，施工调度室主任（副主任）、调度所副主任逐级审核签认，于施工前 1 日 12：00 前（其中 0：00 后执行的运行揭示调度命令为前 2 日 18：00 前）发至有关动车基地（所）、机务段、车务段（直属站）、主管业务处，并传（交）列车调度员。车务段（直属站）应根据施工要求转发给相关车站；主管业务处转交施工单位及配合单位。

④ 发生灾害、设备故障等影响行车的突发情况（含施工开通后未达到规定的放行列车条件），列车调度员接到报告后，须立即采取应急处理措施，向有关车站、司机发布调度命令；主管业务处须根据设备管理单位的施工申请，审核提报放行列车条件，由施工调度室发布运行揭示调度命令。

⑤ 涉及路局集团公司间分界站的施工日计划和运行揭示调度命令，由发布局施工调度室委托相关邻局施工调度室转达；相关邻局施工调度室向本局所属相关车务段（直属站）下达，并转交本局相关列车调度员，车务段（直属站）负责向相关车站下达；局施工调度室及时向发令局施工调度室反馈施工日计划和运行揭示调度命令的交递情况。

任务 7.2　维修计划管理与施工维修登记

7.2.1　拟完成的工作任务

"运统 46"的登记填写。

7.2.2　任务目的

（1）了解高速铁路维修日计划编制单位。
（2）了解高速铁路区间协调原则。
（3）了解高速铁路站内维修作业协调原则。
（4）熟悉"运统 46"相关规定。

7.2.3　所需设备

高速铁路沙盘。

7.2.4　相关配套知识

知识点 1　维修计划管理

1. 维修计划的内容与编制

1）维修计划的内容

高速铁路维修计划按日编制，主要内容包括区段、行别、作业项目、作业地点、作业时间、作业内容、影响（停电）范围、路用列车开行计划、维修单位、配合单位等。

2）维修计划的编制

施工调度室负责高速铁路维修日计划的编制。设备管理单位于维修前 3 日（图定天窗时间0：00以后开始时为前4日）将维修作业申请计划报路局集团公司主管业务处，经主管业务处审核（盖章）后，于维修前2日9：00前（图定天窗时间0：00以后开始时为前3日9：00前）报施工调度室。施工调度室结合按专业相对固定的作业日期、施工日计划、动检车开行计划等，编制维修日计划，于维修前1日12：00前（图定天窗时间0：00以后开始时为前2日18：00前）下达有关车务段（直属站），传（交）主管业务处，相关列车调度、计划调度、供电调度台，主管业务处负责通知维修单位、配合单位，车务段（直属站）负责通知相关车站。

2. 维修作业计划编制协调原则

原则上，维修作业按区间和站内分别组织，各作业单位不准同时封锁（占用）区间和站内。确需同时封锁（占用）区间和站内时，工务、电务、供电三方协商一致后方可提报维修计划。

1) 区间维修作业协调原则

① 原则上，供电、工务作业单位轨道车不准进入同一区间、同一行别，供电、工务不安排在同一区间、同一行别进行作业。确需在同一区间、同一行别进行作业时，安全责任由使用轨道车的单位负责。

② 当日供电（工务）为主体单位时，供电（工务）不准同时封锁同一区间的上、下行线，当日的主体单位可优先选择行别。确需封锁同一区间的上、下行线时，双方协商一致后方可提报维修计划。

③ 当日供电（工务）为主体单位时，准许电务（工务）在同一区间、同一行别平行作业，在提报维修计划时要注明"不影响主体单位作业"。

④ 当日电务为主体单位时，可根据作业需要同时占用同一区间的上、下行线，准许工务、供电分别在一行平行作业，但不准使用轨道车，在提报维修计划时要注明"不影响电务作业"。

2) 站内维修作业协调原则

① 供电作业单位在站内使用轨道车作业时，原则上不准同时封锁全站，应分咽喉或者分上、下行线进行。确需封锁全站作业时，供电与工务、电务协商一致后方可提报维修计划。

② 工务、电务作业单位在站内进行维修作业，原则上双方分咽喉进行。确需占用全站作业时，双方协商一致后方可提报维修计划。

③ 工务、电务作业单位在站内进行道岔整治维修作业，可由一方提报维修计划，并注明另方"配合"。

④ 当日电务为主体单位时，可根据作业需要同时占用全站进行信号设备检修，准许工务进行股道的维修作业，在提报维修计划时要注明"不影响电务作业"。

3. 注意事项

① 临时抢修施工优先于有计划施工，施工作业优先于维修作业。

② 维修日计划一经下达不得随意变更和调整。因特殊原因需要变更和调整时，各设备管理单位应通过本部门施工联络员（非常站控模式下为车站值班员）及时向列车调度员汇报，并按规定登记"运统46"，列车调度员请示主管客运专线值班副主任同意后安排给点。

③ 路局集团公司调度所负责每天下午召开高速铁路施工和维修协调会，各部门施工联络员、有关施工单位和设备管理单位参加，对当日的施工和维修情况进行总结，协调解决次日

施工和维修存在的问题，落实各项作业准备情况，安排协调后天的施工和维修日计划。

④ 根据路局集团公司调度所下达的施工、维修日计划，高速铁路车站在每天16：30组织站区各单位召开天窗修协调会。车站应设立天窗修协调会记录本，并做好详细记录。

知识点 2　施工维修登记

① 调度台和车站行车监控室处应分别设置"运统46"。其中，调度台设"运统46（施工）"簿、"运统46（综合）"簿、"运统46（设备故障）"簿、"运统46（计数器）"簿，车站行车监控室设"运统46（施工）"簿、运统46（工务）"簿、"运统46（电务）"簿、"运统46（接触网）"簿、"运统46（综合）"簿、"运统46（设备故障）"簿、"运统46（计数器）"簿、"运统46（联合检查）"簿。

② 利用图定天窗进行施工、维修作业时，非常站控模式下在车站办理登、销记手续，分散自律模式下在规定调度台办理登、销记手续。施工维修过程中原则上不得进行模式转换。

③ 施工、维修单位作业需其他单位配合时，由主体作业单位负责"运统46"的登记和销记，有关配合单位和设备管理单位必须及时签认。配合单位或设备管理单位未签认，不得给点。

④ 各作业单位进行施工和维修作业时，现场作业负责人应确认已做好一切施工准备。施工联络员于天窗点前1 h在高速铁路调度台"运统46"内登记。列车调度员须将登记内容与施工日计划、维修日计划进行核对，确认无误后向施工联络员发布调度命令，并在"运统46"内签认。

⑤ 各受令单位相关负责人须将调度命令传达到现场作业负责人；现场作业负责人确认调度命令内容后，方可进行作业。

⑥ 各作业单位应在调度命令的起止时间内完成施工和维修作业。各作业单位施工和维修作业完毕，经检查达到放行列车条件，须及时向工务、电务、供电部门施工联络员报告。施工联络员在高速铁路调度台办理登、销记手续。列车调度员确认本管辖区段施工和维修作业全部完毕后，发布开通站内及区间的调度命令，并在"运统46"内签认。

⑦ 在非常站控模式下，车站应急值守人员担当车站值班员的职责，负责组织实施施工和维修作业相关工作，列车调度员将有关调度命令发布给非常站控的车站，各作业单位在相关车站办理登、销记手续。

⑧ 施工单位在施工地点设现场防护员，现场防护员应由经过考试合格的人员担当。高速铁路调度台施工联络员（车站驻站联络员）与现场防护员要保持随时通信状态，掌握施工现场和列车运行情况，发现异常及时通知列车调度员（车站值班员）和施工负责人。现场防护员、施工负责人、高速铁路调度台施工联络员（车站驻站联络员）应配备可靠通信联络设备，确保通信畅通。

⑨ 对设置在调度台的设备，以及信号、通信中心机房的设备进行施工和维修作业时，由施工联络员在高速铁路调度台办理登、销记手续。列车调度员还应将有关调度命令发布给相关车站。

⑩ 房建部门进行站台、雨棚维修及限界巡视检查，封闭栅栏等防护设施维修，站场内消防栓、消防管道巡视检查等项作业，必须在综合天窗点内进行，在不封锁线路、按有关规定不需要接触网停电配合的情况下，指派胜任人员担当驻站防护人员，在车站的《行车设备检

查登记簿》内登记，经列车调度员口头同意，车站值班员签认给点。房建部门必须在车站值班员签认的时间内进行作业，按规定做好防护，不得影响其他作业单位的作业，到点按规定销记。房建部门进行需要封锁线路、接触网停电配合的作业时，必须按施工计划的有关规定办理。

⑪ 设备发生故障"运统46"登、销记的有关规定如下。

a）在分散自律控制模式下发生的设备故障，在客专调度台办理登、销记手续；在非常站控模式下发生的设备故障，在车站办理登、销记手续。

b）分散自律控制模式下发生的设备故障未恢复正常使用需转为非常站控模式前，列车调度员通知设备管理单位驻调度所人员（以下简称驻台联络员）并将故障情况及停用（影响）范围通知车务应急值守人员（部分设备管理单位已销记时也要通知车务应急值守人员），车务应急值守人员在"运统46（设备故障）"簿内记录并向列车调度员复诵，双方须认真核对无误。设备恢复正常使用后，车务应急值守人员报告列车调度员，设备管理单位人员在车站办理销记手续后通知驻台联络员，驻台联络员在调度台"运统46"簿上记录故障销记情况。

c）非常站控模式下发生的设备故障未恢复正常使用需转为分散自律控制模式前，车务应急值守人员向列车调度员报告故障情况及故障停用（影响）范围（部分设备管理单位已销记时也要报告列车调度员），列车调度员在"运统46（设备故障）"簿内记录并向车务应急值守人员复诵，同时通知驻台联络员确认故障情况及故障停用（影响）范围。设备恢复正常使用后，驻台联络员在调度台办理销记手续。同时，驻台联络员通知设备管理单位人员在车站"运统46"簿内记录故障销记情况（设备管理单位在车站未设置工区时，由列车调度员通知车务应急值守人员记录故障销记情况）。

d）在设备恢复正常使用前，如故障停用（影响）范围或行车条件发生变化，驻台联络员（设备管理单位人员）要及时在"运统46"簿内登记，列车调度员与车务应急值守人员应加强联系，相互通知"运统46"簿内登记的有关事项。

实训7

案例描述

2012年4月28日10：10，某高速铁路（CTCS-3级，300~350 km/h区段），供电调度员报告：A站至B站区间下行线K886+600~K948+160处接触网停电，原因不明。

10：11，列车调度员通知值班主任到岗，并询问运行在该区间的D55023次列车情况。

10：13，D55023次司机汇报：因接触网没电，停于A—B区间下行线K933+789处。

10：14，供电调度通知接触网已恢复供电。D5023次接触网升弓后，接触网又跳闸。后经供电调度员、D55023次司机、随车机械师进行降弓—停电—送电—升弓—换弓的操作过程，发现该故障由动车组本身原因造成。

10：44，列车调度员有预见性地向原计划在A站1道通过的G2003次司机发布A站变更2道接车、发车的调度命令（准备利用反方向行车），G2003次10：57到A站。

10：48，根据供电调度提供的04~05号通知书，列车调度员向D1004次司机发布，故障区段限速120 km/h的调度命令。D1004次B站10：50开，11：17到A站。

11：05，列车调度员向G2003次司机发布反方向运行的调度命令，G2003次A站11：18开，11：43到B站。

11：12，列车调度员向原计划在A站3道停车的D1001次司机发布A站变更4道接车、发车的调度命令（准备利用反方向行车），D1001 次 11：24 到 A 站。

11：47，列车调度员向 D1001 次司机发布故障区段限速 120 km/h 的调度命令。其间，11：34，D55023 次动车组故障修复后区间开车，11：53 到 B 站。

11：52，D1001 次 A 站按正方向开出，12：20 到 B 站。

要求：分析本案例中存在的问题。

提示：本案例中，事故应急处置时间过长，有以下几点值得注意：

① 接触网停电重合失败且强送电失败时，列车调度员与供电调度员应加强联系，尽快判明故障原因，排除故障前，不能盲目放行后续列车；

② 经检查，确认由于动车组本身故障在区间停车不能运行时，列车调度员应及时封锁区间（本案例一直未封锁），尽快确定救援方案，采取反方向运行或利用动车组救援的方法，将故障对列车运行的影响减到最小；

③ 列车调度员应配合供电调度员通知司机、随车机械师尽快查明故障原因，当确认系动车组受电弓故障时，应通知司机、随车机械师尽快修复或更换受电弓，运行至前方站，尽快开通区间。

【项目考核】

1. 理论考核

通过完成以下题目，获得理论考核成绩（见表 7-1），满分 60 分。

(1) 高速铁路固定设备设施养护维修体系的基本环节包括哪些？
(2) 施工维修计划是如何审批的？
(3) 简述施工维修作业计划的编制原则。

表 7-1 理论考核成绩表

题号	总分	得分	亮点
(1)	20 分		
(2)	20 分		
(3)	20 分		
总分：		教师签名：	

2. 素质考核

通过考核以下项目，获得素质考核得分（见表 7-2），满分 40 分。

表 7-2 素质考核成绩表

序号	评价内容（每项 10 分）	得分	亮点
1	出勤情况		
2	课前预习情况		
3	课堂表现		
4	任务完成情况		
总分：		教师签名：	

参考文献

[1] 中国铁路总公司．高速铁路行车组织基础［M］．北京：中国铁道出版社，2014.
[2] 连义平，郑松富．高速铁路行车组织方法［M］．北京：中国铁道出版社，2016.
[3] 郑州铁路局．高速铁路行车组织［M］．北京：中国铁道出版社，2012.
[4] 中国铁路总公司．铁路技术管理规程：高速铁路部分［M］．北京：中国铁道出版社，2014.
[5] 中国铁路总公司．铁路技术管理规程（高速铁路部分）条文说明：上［M］．北京：中国铁道出版社，2014.
[6] 中国铁路总公司．铁路技术管理规程（高速铁路部分）条文说明：下［M］．北京：中国铁道出版社，2014.
[7] 李学伟．高速铁路概论［M］．北京：中国铁道出版社，2010.